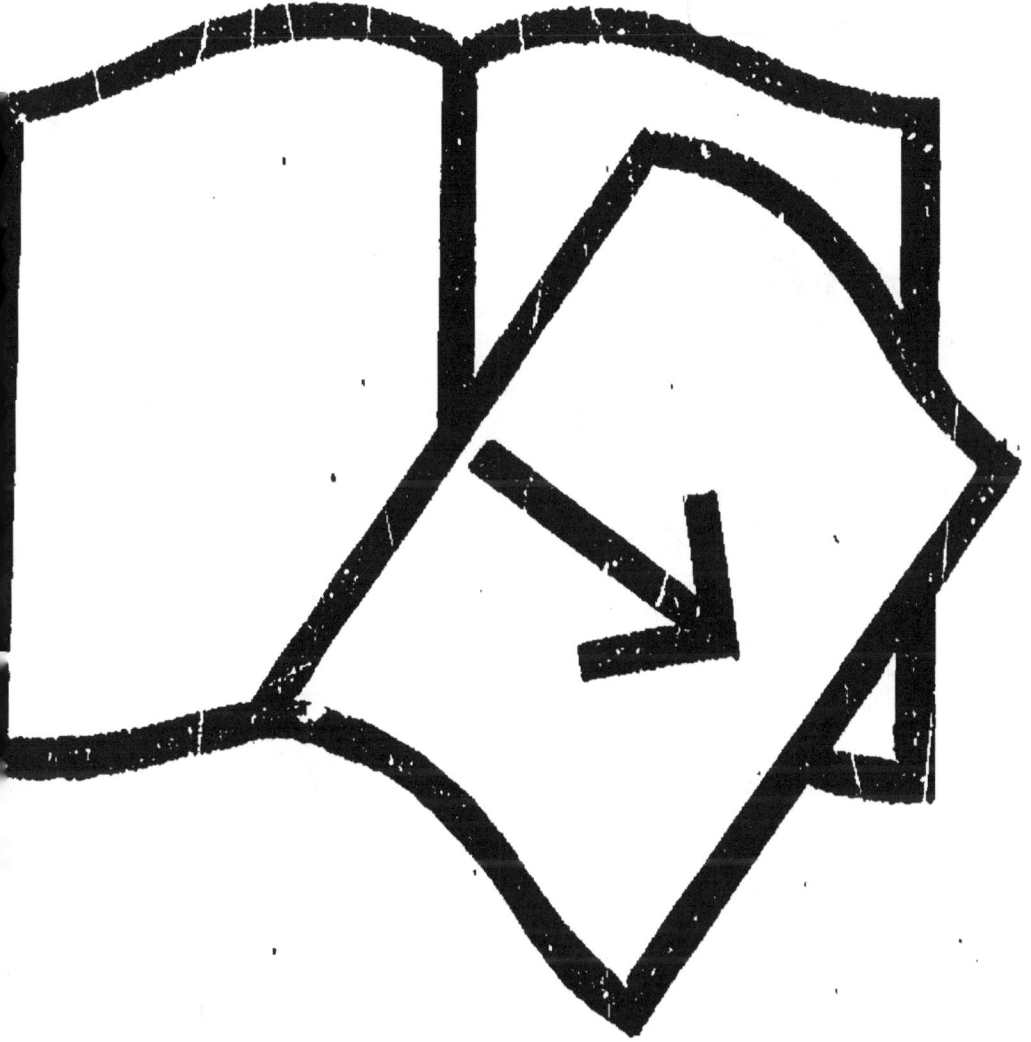

Couvertúrcs supérleurc et Infórleurc
manquantes

SAVOIR VIVRE

SAVOIR PARLER, SAVOIR ÉCRIRE

SAVOIR VIVRE

SAVOIR PARLER, SAVOIR ÉCRIRE

A L'USAGE DES GENS DU MONDE

PAR

A. DE LA FÈRE

Auteur de divers ouvrages.

« La politesse est une monnaie destinée
à enrichir non celui qui la reçoit, mais celui
qui la dépense. »   *Proverbe persan.*

SEPTIÈME ÉDITION

*Ouvrage couronné par le Conseil supérieur de la Société nationale
d'Encouragement au Bien*

PARIS	BRUXELLES
NOUVELLE LIBRAIRIE	**ALFRED CASTAIGNE**
CLASSIQUE, SCIENTIFIQUE ET LITTÉRAIRE	LIBRAIRE-ÉDITEUR
14, RUE DE LA SORBONNE, 14	20, MONTAGNE-AUX-HERBES-POTAGÈRES, 20

1889

INTRODUCTION

La politesse est à l'esprit
Ce que la grâce est au visage.
De la bonté du cœur, elle est la douce image,
Et c'est la bonté qu'on chérit.

La politesse peut se définir: le vernis de la charité dont elle est un des plus brillants attributs. Elle est, en général, l'indice certain d'une belle âme. Vous serez polis, naturellement, si vous êtes bons et intelligents; si vous avez gravé dans   tre cœur ce sublime axiome de l'Évangile que le plus vertueux des empereurs romains, Marc-Aurèle, avait fait inscrire en lettres d'or sur le frontispice de son palais : « Ne fais pas à autrui ce que tu ne voudrais pas qu'on te fît à toi-même. »

Être poli, c'est aimer les autres, c'est vouloir pour

eux avant de vouloir pour nous ; c'est leur céder la meilleure place, le morceau de choix ; c'est se taire pour les laisser parler, s'effacer pour les faire briller. Exercer la politesse envers tous, c'est pratiquer la vertu ; en effet, n'est-elle pas conforme aux lois de l'Évangile ? N'est-elle pas à la fois le plus doux et le plus solide lien de la société ? Oui, la politesse est la base sans laquelle les relations sociales seraient nulles ou dénuées de tout agrément.

Il ne faut pas se le dissimuler, ni se faire illusion sur ce point. Ce monde, dont la surface est dorée, est en réalité animé au fond d'ambitions diverses, d'intérêts contraires, de rivalités inquiètes, de convoitises ardentes, etc.; et si la politesse n'étendait pas son réseau d'or sur ce fond noir, si la charité ne couvrait pas de son auréole sainte ces sombres revers, si l'âme, en un mot, ne s'élevait pas au-dessus de ces bas-fonds de la société, nous serions semblables aux sauvages des îles océaniennes qui s'entre-dévorent au lieu de s'entre-secourir.

D'ailleurs, la politesse est l'apanage naturel du caractère français : c'est une vertu de race. Les autres nations, nos ennemis même, vantent *la politesse française* et s'efforcent de l'imiter.

Cependant, si nous n'y prenons garde, ce trait brillant de notre caractère national tend à s'effacer. A vous donc, jeunes gens, jeunes filles; à vous la génération présente, qui vous flattez de l'épithète de jeune France; à vous de conserver, que dis-je? de raffermir cette vertu par excellence, qui est la note dominante du naturel français!

Et ce n'est pas seulement à ceux qui font partie de la haute société, qu'il appartient d'être polis, mais à la généralité de la nation; que l'on soit riche ou pauvre, villageois ou citadin, on doit être poli. La vraie politesse ne s'entend |pas toujours des belles manières : elle a sa source dans le cœur; et la simple paysanne, comme le rustique montagnard, sont souvent plus véritablement polis que certaines gens du monde qui, sous des formes extérieures irréprochables, cachent parfois un mauvais cœur.

« Dans les montagnards, dit Fénelon, j'ai souvent rencontré cette vraie, cette bonne, cette merveilleuse simplicité qui fait la parfaite politesse, que le monde, tout poli qu'il est, ne connaît pas toujours. » C'est que, en politesse, comme en toutes choses, « rien n'est beau que le vrai, » et quand le cœur dirige, la conduite ne laisse rien à désirer.

Soyez donc polis, c'est-à-dire soyez bons, aimez les autres. La vertu de politesse, qui n'est pas toujours d'une application facile, n'en obtient, par cela même, que plus de relief et plus d'éclat. Une fois habitués à la pratiquer, vous ne sauriez vous y soustraire, car vous en aurez apprécié chaque jour et l'importance et la nécessité.

PREMIÈRE PARTIE

SAVOIR VIVRE

I

LA POLITESSE DU CŒUR

CHAPITRE PREMIER

Les diverses manifestations de la politesse.

Sommaire. — L'esprit et le Cœur. — Définitions de la politesse. — La politesse est une vertu.

Puisque la politesse est la monnaie courante des affaires de ce monde, qu'elle s'insinue partout ; puisque c'est elle qui fait le charme des relations sociales, voyons ce qui en fait la base, et cherchons ce qu'il vous faut pour être polis, pour que l'on dise en vous voyant, en vous entendant : voilà une personne bien élevée !

Ce qu'il vous faut, c'est du cœur, c'est de l'esprit ; dons précieux que Dieu a départis à l'homme pour le bonheur de la société. La politesse du cœur, ayant surtout pour objet ceux auxquels nous devons de l'affection et de la reconnaissance, s'applique particulièrement aux relations intimes.

La politesse de l'esprit, qui étend davantage les limites de ses rapports, a pour objet le monde et les devoirs de société ; et puisque le cœur et l'esprit impriment leur sceau à nos manières, comme à notre langage, votre politesse donnera partout la mesure de votre cœur et de votre esprit.

Vous ne serez jamais trop polis, puisque la politesse est une vertu, sœur jumelle de la charité ; c'est le lien qui unit les hommes entre eux.

Cette vertu sera toujours et partout appréciée, parce qu'elle a pour objet le bien et l'agrément des autres. D'ailleurs, elle exige parfois le sacrifice, par conséquent elle ajoute à votre mérite.

N'allez pas croire qu'elle soit toujours d'une application facile ; elle serait moins belle alors, et moins vantée par tous ceux qui en sont l'objet ou qui la pratiquent.

Voulez-vous que nous en étudiions ensemble les diverses nuances et les différents aspects, afin que partout où vous serez, vous la reconnaissiez dans les autres et la pratiquiez vous-mêmes ?

Commençons par la politesse du cœur ; celle sans laquelle nous serions des ingrats, puisqu'elle se manifeste surtout envers ceux auxquels nous devons ce que nous sommes : Dieu — nos parents — nos maîtres — nos bienfaiteurs — nos amis.

RÉSUMÉ. — Il faut pour être poli avoir du cœur et de l'esprit : le cœur pour les relations intimes, l'esprit pour les relations avec la société.

On n'est jamais trop poli.

La politesse est une vertu sœur de la charité, elle exige parfois le sacrifice.

CHAPITRE II

De la Religion.

SOMMAIRE. — La religion est la consolatrice de l'homme. — Beauté de la religion. — Les ennemis de la religion. — Les hypocrites. La volonté de Dieu.

> Sainte religion qui prie et qui console,
> Espoir toujours naissant, sous l'espoir qui s'envole,
> Bienfait réparateur des maux qui ne sont plus.
>   Coupe de miel pour les élus.

La religion invite l'homme au bien, au pardon, à l'oubli des injures; à la vertu, en un mot. Elle élève ceux qu'elle inspire, leur faisant mépriser les biens fragiles de ce monde éphémère,

> ....Où tout change, où tout passe ;
> Où, jusqu'au souvenir, tout s'use tout s'efface;
> Où tout est fugitif, périssable, incertain;
> Où le jour du bonheur n'a pas de lendemain.

Et c'est parce que le souffle puissant de la religion nous élève, nous grandit, qu'elle nous interdit tout ce qui nous abaisse, tout ce qui nous attache trop fortement à la terre. Voilà pourquoi elle nous crie : *Sursum corda !* élevez vos cœurs ! C'est vers le ciel qu'il faut porter les yeux ; l'esprit doit l'emporter sur la matière, l'âme sur le corps ; car,

> Ainsi toujours poussés vers de nouveaux rivages,
> Dans la nuit éternelle, emportés sans retour,
> Nous ne pourrons jamais, sur l'océan des âges,
> Jeter l'ancre un seul jour.

Dans toutes les conditions de la vie, la religion donne au malheur des motifs particuliers d'espérance. Elle seule peut dire aux infortunés : Heureux ceux qui pleurent, parce qu'ils seront consolés. Elle seule peut dire aux pauvres Lazares : Vous reposerez un jour dans le sein d'Abraham. Elle seule peut dire au coupable repentant : Vos péchés vous sont remis. Elle seule peut dire au captif : Vous avez un Rédempteur. Elle seule peut dire aux orphelins : Votre père est dans les cieux. Elle seule enfin peut dire aux mourants : La mort n'est qu'un passage de cette vallée de larmes à un monde meilleur.

Comment se peut-il que cette sublime consolatrice de l'homme sur cette terre, où nous souffrons tous, ait des détracteurs et de cruels ennemis? Ah ! c'est que chez ces malheureux l'âme s'est effacée; le corps, la convoitise des biens matériels l'ont emporté. Qu'ils sont à plaindre ! Non seulement d'ignorer le remède aux maux d'ici-bas, mais encore de détester, de haïr la religion qui seule nous l'apporte !

Ne confondez pas les hommes vraiment religieux avec ceux qui affectent de l'être. Ceux-ci ne sont que de détestables hypocrites, de dangereux ennemis de la religion. Ils s'en couvrent comme d'un masque afin de parvenir plus facilement au but qu'ils se sont proposé. L'Évangile les condamne ainsi :

Ce ne sont pas ceux qui disent : « Seigneur ! Seigneur ! qui entreront dans le Royaume des cieux, mais ceux qui font la volonté de mon Père qui est dans les cieux; » et encore : « Ce sont des loups couverts de peaux de brebis. »

Or, la volonté du Père c'est le bien, le beau, le vrai : les hommes véritablement religieux se reconnaissent à leurs fruits, comme les bons arbres. Produisez de bons fruits : ceux du travail, du dévouement, de l'ab-

négation, du sacrifice, de la vérité et de l'espérance
en Dieu. Ils vous tiendront le regard élevé vers le ciel,
ils vous empêcheront de tomber dans les pièges grossiers tendus par la malice des hommes sans religion.

J'étais seul près des flots par une nuit d'étoiles :
Pas un nuage aux cieux, sur les mers pas de voiles ;
Mes yeux plongeaient plus loin que le monde réel,
Et les vents et les mers, et toute la nature
Semblaient interroger dans un confus murmure
   Les flots des mers, les feux du ciel.

Et les étoiles d'or, légions infinies,
A voix haute, à voix basse, avec mille harmonies
Disaient en inclinant leur couronne de feu ;
Et les flots bleus que rien ne gouverne et n'arrête,
Disaient en recourbant l'écume de leur crête :
   C'est le Seigneur, le Seigneur Dieu !

Victor Hugo.

Résumé. — La religion seule nous console ici-bas, elle invite
l'homme au bien, elle élève les cœurs.

Certains hommes la détestent parce qu'elle s'oppose à leurs passions, à leurs convoitises.

Ne pas confondre les hommes véritablement religieux avec les
hypocrites, qui ne sont que des loups couverts de peaux de brebis.

La volonté de Dieu est : *le bien, le beau, le vrai ;* c'est ce que
nous demandons par ces mots du Pater : *fiat volontas tua.*

CHAPITRE III

Du culte extérieur.

A qui devez vous l'existence, la somme des dons intellectuels que vous avez reçus ? A qui devez-vous cet esprit qui pense, cette mémoire qui se souvient, cette volonté qui persiste, cette intelligence qui comprend et tous ces biens dont vous jouissez, sinon à Celui qui vous a créés, qui vous conserve, et d'où viennent toute excellence et tout don parfait ?

Il est donc juste que votre reconnaissance envers l'Auteur de toutes choses s'exprime non seulement par un culte intérieur, mais aussi par un culte extérieur et public. Car, enfin, vous contenteriez-vous de savoir qu'une personne vous aime et désire votre bonheur, si jamais rien en elle ne le manifestait ?

Certainement non !

Vous diriez, avec le poète : « Il faut des actions et non pas des paroles. » Eh bien! pour Dieu aussi, il faut des actions; et ces actions, par lesquelles vous lui rendez hommage, constituent le culte extérieur et le culte public, qui ont la puissance de l'exemple.

Vous entrerez à l'église avec la gravité, le maintien et la tenue que comporte le lieu saint, en songeant que vous entrez dans la maison de Dieu. Entreriez-vous autrement dans le palais d'un grand? Eh bien! Dieu est l'Infiniment grand !

Évitez, dès que vous êtes à l'église, tout ce qui pourrait distraire les personnes qui s'y trouvent. Ayez des attentions pour tous, et surtout pour ceux qui vous accompagnent ; offrez de l'eau bénite à votre mère, à votre sœur, faites-leur un passage, procurez-leur une chaise ; tout cela doucement et sans bruit, sans heurter ni coudoyer personne. Le mieux, d'ailleurs, lorsqu'il y a foule, et qu'il est difficile de pénétrer, est de rester à l'entrée de l'église, plutôt que de déranger les personnes recueillies.

Offrez votre chaise au vieillard ou à l'infirme qui n'aurait pu s'en procurer.

En un mot, que tout votre extérieur à l'église y témoigne de la beauté de votre âme; et n'y allez que pour rendre à Dieu le culte qui lui est dû.

Si dans le monde, vous en aviez l'occasion, devenez apôtre ! c'est le devoir de tout croyant. Aujourd'hui, beaucoup de personnes sont privées des lumières de la religion, éclairez-les, si vous le pouvez, c'est ainsi que vous aimerez Dieu en esprit et en vérité.

Le monde entier le glorifie,
L'oiseau le chante sur son nid ;
Et, pour une goutte de pluie,
Des millions d'êtres l'ont béni.

RÉSUMÉ. — Il ne suffit pas d'aimer Dieu, notre charité doit se manifester par le culte extérieur et public.

A l'église, la tenue et le maintien doivent être en harmonie avec la gravité du lieu.

Il est de la plus digne politesse de se montrer plein d'attentions à l'église à l'égard des personnes qui vous accompagnent, d'entrer et de se placer sans bruit, sans déranger personne.

Que votre extérieur à l'église témoigne de la beauté de votre âme. Une personne pieuse doit se faire apôtre à l'égard de ceux qui manquent de religion.

Aimez Dieu en esprit et en vérité.

CHAPITRE IV

Des Parents et de la Famille.

J'ai connu des personnes qui réservent toute leur amabilité, toutes leurs attentions pour le dehors; chez elles, elles sont détestables. Croyez-vous que ces personnes soient polies ? Certainement non ! car si l'on est réellement poli, on doit l'être d'abord pour ceux qui nous entourent.

Ceux qui ne sont polis qu'avec les étrangers, ne le sont pas véritablement; en mettant leur chapeau pour sortir, ils revêtent un masque qui les rend au dehors tout autres que chez eux. Et le masque, quelqu'il soit, est toujours laid, car c'est la fausseté, c'est le mensonge ; vous, ne soyez pas ainsi, soyez aimables et polis partout et envers tous, mais surtout envers vos parents, envers les membres de votre famille, vos amis, vos serviteurs et tous les habitants de la maison.

Songez à tout ce que vous devez à vos parents, à leurs soins constants, à leur sollicitude pour vous, aux sacrifices qu'ils s'imposent ou qu'ils se sont imposés pour votre éducation. Ce sont eux qui développent en vous les germes que Dieu a déposés dans votre âme, dans votre esprit et dans votre cœur ; eux qui veillent à ce que rien ne vous manque, et qui vous donnent tout ce qui peut contribuer à votre bonheur présent et futur.

L'histoire est remplie de traits touchants de piété filiale.

Coriolan aimait tant sa mère, que tout ce qu'il faisait pour la gloire était en réalité en vue de la joie que sa mère devait en éprouver; aussi, il avait vu avec indifférence tous les envoyés de Rome à ses pieds : le Sénat, les prêtres, les dames romaines, rien ne put le fléchir ; mais il céda aux larmes de sa mère Véturie.

L'histoire de Coriolan nous offre à la fois un trait d'amour filial et de sublime patriotisme, car Véturie savait fort bien qu'en demandant à son fils de sauver

Rome, elle lui demandait en même temps de se sacrifier lui-même. Magnifique exemple, de la part de
la mère et de la part du fils!

Un autre Romain, Sertorius, dont les exploits en
Espagne vous sont certainement connus, fut tellement accablé de douleur en apprenant la mort de sa
mère, qu'il demeura plusieurs jours prosterné contre
terre, refusant de prendre aucune nourriture, et ne
voulant recevoir aucune consolation.

A cet amour, le plus sublime de tous, l'amour maternel! répondez toujours par la plus grande piété
filiale. Que votre amour se manifeste par un respect
constant, par des attentions continuelles! Si vos parents sont malades, ne souffrez pas que d'autres leur
prodiguent les soins que vous-mêmes pouvez leur
rendre; s'ils sont infirmes, que ces mille petites attentions, si douces au cœur de ceux qui souffrent, et
que vous leur prodiguerez, adoucissent pour eux
l'amertume de l'existence!

Si vous êtes éloignés d'eux, écrivez-leur souvent,
les mettant au courant de tout ce que vous faites,
vous informant de tout ce qui leur arrive, vous intéressant à tout ce qui les touche; et cela en
termes émus, tendres, affectueux, afin que la lecture
de vos lettres leur soit réellement un bienfait.

Le plus saint des devoirs, celui qu'en traits de flamme
La nature a gravé dans le fond de notre âme,
C'est de chérir l'objet qui nous donna le jour.
Qu'il est doux à remplir ce précepte d'amour !

Voyez ce faible enfant que le trépas menace,
Il ne sent plus ses maux, quand sa mère l'embrasse.
A l'âge des erreurs, ce jeune homme fougueux
N'a qu'elle pour amie, dès qu'il est malheureux.

Ce vieillard, qui va perdre un reste de lumière,
Retrouve encor des pleurs en parlant de sa mère.
Bienfait du Créateur qui daigna nous choisir
Pour première vertu notre plus doux plaisir !

Non seulement vous devez aimer vos parents,
mais aussi vous devez aimer vos frères et vos sœurs,
être bons, complaisants les uns pour les autres ; vous
devez éviter ces querelles qui n'ont jamais lieu entre
personnes bien élevées. Ce qui souvent sépare entre
eux frères et sœurs, c'est la jalousie, ce sentiment
funeste qui rendit Caïn fratricide. Vous êtes jaloux
de quoi? de quelques avantages physiques, peut-
être? Efforcez-vous d'acquérir des qualités sérieuses,
elle font vite oublier les défauts naturels.

« On est toujours belle avec des vertus ! »

Aimez-vous ! cette affection fraternelle est un des
plus doux liens de la vie, elle console de bien des
peines.

Le plus charmant modèle que l'histoire nous offre du sentiment fraternel est Antigone (1), si admirable déjà par sa piété filiale. Après avoir assisté Œdipe, son père, jusqu'à ses derniers moments, elle voulut rendre à son frère Polynice les honneurs de la sépulture, malgré la défense de Créon. Celui-ci avait condamné à mort quiconque rendrait au prince défunt les derniers devoirs. Elle brava la défense de Créon, et subit le châtiment dont on l'avait menacée, elle fut ensevelie vivante dans une caverne.

Les frères sont les protecteurs naturels de leurs sœurs, ils doivent se montrer pleins d'égards et de bonté envers elles. Les sœurs, à leur tour, surtout lorsqu'elles sont les aînées, doivent seconder leurs frères ; ces attentions réciproques ajoutent beaucoup au bonheur de la vie de famille.

J'emprunte aux *Causeries sur les femmes célèbres* les lignes suivantes :

« Il y a dans l'histoire de Ruth un point sur lequel je me permettrai d'insister, c'est que cette gracieuse héroïne de la Bible est d'autant plus admirable dans son dévouement filial que Noémie n'est point sa mère, mais la mère de l'époux qu'elle a perdu. Elle sert en

(1) Voir *Causeries sur les femmes célèbres*, par Madame Mathieu, 1 vol. in-12, br. *franco* 2 fr. 25, charmant ouvrage aussi intéressant qu'utile.

cela de modèle aux jeunes femmes de nos jours, trop
disposées à croire qu'on ne peut aimer sa belle-mère.

« Pourtant, qu'avait fait Noémie pour sa belle-
fille ?... Je ne sais trop !... Réfugiée en Moab avec
son époux et ses fils pour échapper à la famine
qui désolait Israël ; elle fuit cette terre hospitalière
dès qu'elle y a perdu ceux qu'elle aimait ; et, près
de quitter les lieux qu'elle ne devait plus revoir, elle
congédie ses deux belles-filles.

« Orpha baisse les yeux et pleure en la quittant,
mais Ruth demeure avec elle en lui disant :

> . . . . Ah laissez-moi vous suivre !
> Partout où vous vivrez, Ruth près de vous doit vivre,
> N'êtes-vous pas ma mère en tout temps, en tout lieu ?
> Votre peuple est mon peuple et votre Dieu mon Dieu ;
> La terre où vous mourrez verra finir ma vie.

« Et, quoi que Noémie essaie pour persuader Ruth,
celle-ci persiste et part avec sa belle-mère pour une
patrie inconnue, où malgré les lois mosaïques de
l'hospitalité, tout ce qui n'était point israélite ne se
fondait jamais complètement avec eux.

« La terre étrangère, dans ces temps reculés, où
les communications étaient pour ainsi dire nulles,
où un voyageur était un événement, c'était bien un
autre exil alors que ceux d'aujourd'hui ! Quitter son

pays! mais c'était rompre avec le passé ; c'était quitter sans retour ceux qu'on y avait aimés et les lieux témoins de toutes les joies de l'enfance et de la jeunesse, sans espérer même en avoir jamais de nouvelles. Aussi l'amour de la patrie était-il bien plus puissant dans ces temps primitifs, où l'on ne connaissait que son modeste horizon.

« Aujourd'hui, malgré tout, les peuples fraternisent entre eux, naturellement, et par le seul contact qui leur apprend à se connaître et à s'apprécier. Et à mesure qu'ils progresseront, ils comprendront mieux cette sublime assertion de l'Évangile : « Vous êtes tous frères. »

« C'est le programme du Christ, c'est là que se trouve le véritable lien des hommes ; et les peuples ne seront justes, *frères* et heureux qu'en lui et par lui, quand ils en comprendront la fin : s'entr'aimer, s'entr'aider en vue de la terre, mais plus encore en vue du ciel.

« Quel exemple que celui de ces deux femmes si différentes d'âge, de religion et sans doute aussi d'éducation, luttant d'amour et de générosité, travaillant de concert à leur mutuel bonheur!

« A laquelle donnerions-nous la palme, si nous étions obligés de choisir?...

Ne fallait-il pas que Noémie fût une femme bien supérieure, pour s'être emparée ainsi du cœur de sa belle-fille?... »

Dans une entente harmonieuse, chaque individu coopère pour sa part au bonheur commun ; et c'est là la leçon que nous devons tirer de ce touchant exemple de piété filiale et d'amour maternel donné, par ces héroïnes de la Bible, aux femmes de tous les âges, avec cet axiome : Le bonheur n'est pas un don gratuit, il veut être acheté, il exige notre coopération.

Il serait je pense superflu de dire aux enfants : aimez vos mères ; mais on peut dire aux jeunes femmes : à l'exemple de Ruth, aimez vos belles-mères. L'amour seul et les témoignages qu'il donne ont la puissance de vaincre certains obstacles qui s'opposent au bonheur des familles par la désunion et la discorde. Ces maux proviennent souvent du manque d'homogénéité dans les idées et dans l'éducation ; dans l'éducation du cœur surtout, qui, lorsqu'elle est bien comprise, sait de part et d'autre aplanir les difficultés et rompre les barrières, car, c'est le cœur qui fait tout ; et lorsque dans ce travail délicat, épineux, un nouvel obstacle surgira, songez, Mesdames, à Ruth votre modèle, et que votre

belle-mère, par vous heureuse, en berçant son petit-
fils sur ses genoux, puisse répondre à ceux qui la
féliciteront de son bonheur, ce que répondait à ses
amis la belle-mère de Ruth :

Vous pouvez maintenant m'appeler Noémi.

Notre politesse doit avant tout s'exercer à l'égard
de ceux qui nous sont unis par les liens de la pa-
renté. Nous vivons au sein de la famille ; nous nous
heurtons parfois à des caractères difficiles : nous
trouvons celui-ci soucieux, celui-là inquiet, l'humeur s'en ressent, le sourire n'est pas toujours sur
les lèvres. Il faut beaucoup de patience et de douceur pour atténuer ces défauts de caractère, et ra-
mener la joie au cœur de ceux que nous aimons,
c'est ce qui fait d'ailleurs le charme du foyer et la
supériorité de la vie de famille ; mais il faut que
chacun y mette la meilleure volonté d'être pour les
autres un élément de bonheur, c'est ainsi que les
angles s'effacent, que les caractères les plus opposés se supportent mutuellement. Tout a ses revers :
et le foyer domestique, où l'on trouve la paix, la joie,
la consolation dans ses peines, offre parfois dans
les caractères divergeants, dans les goûts opposés,
dans les dispositions qui nous sont contraires, des

épines dont l'aiguillon nous blesse et nous irrite. Il faut tout accepter dans le lot qui nous est fait, la lumière et les ombres. Le mérite, en ces circonstances, consiste dans le support mutuel, c'est là la politesse de meilleur aloi.

Et de ce que l'on vit ensemble, est-ce un motif pour n'avoir pas des attentions réciproques? On accorde bien volontiers une marque d'amabilité à des étrangers : pourquoi donc ne pas commencer à être aimable chez soi?

Ayez à cœur, qui que vous soyez, d'être la joie et le rayonnement de la maison, que les fronts se dérident, que les visages s'épanouissent à votre aspect.

Ne négligez aucune occasion de témoigner votre tendresse aux membres de votre famille : c'est à une fête, au jour de l'an, à tous les anniversaires qui leur rappellent d'heureuses ou même de tristes circonstances. Pleurez avec eux s'ils pleurent, doublez la joie qu'ils éprouvent en la partageant. Si quelque revers frappe l'un d'eux, redoublez d'affection, multipliez vos attentions, efforcez-vous de les aider à porter leur fardeau. Vous pouvez l'alléger de beaucoup.

Nous ne quitterons pas cet important sujet sans vous citer une jolie anecdote.

Un jour, Frédéric II, roi de Prusse, ayant sonné sans que personne répondît à cet appel, ouvrit la porte de son antichambre et trouva un de ses pages endormi sur une chaise. Au moment où il allait l'éveiller, il aperçut un papier écrit dans la poche du dormeur.

La curiosité du roi était excitée : il ouvrit le papier.

C'était une lettre de la mère du jeune page dans laquelle elle remerciait son fils des secours d'argent qu'il lui avait envoyés. Frédéric, charmé de la conduite de ce bon fils qui se privait de sa paye pour aider sa mère, alla prendre un rouleau de ducats et le glissa avec la lettre dans la poche de l'enfant. Un instant après, il tira le cordon de la sonnette. Le page se réveilla et accourut auprès de Frédéric : Vous avez dormi, lui dit le roi. Le jeune homme tâcha de s'excuser ; et, mettant la main dans sa poche qui lui semblait plus lourde qu'à l'ordinaire, il y trouva le rouleau de ducats. Il le prit, pâlit, trembla et ne put articuler une parole.

— Qu'avez-vous ? dit le roi.

— Hélas ! Sire, répondit le page, quelqu'un veut me perdre ; je ne sais d'où m'est venu cet or.

— La fortune ne vient-elle pas toujours en dormant ? reprit Frédéric. Envoie cette somme à ta mère,

en lui faisant mes compliments, et assure-la bien
que j'aurai soin d'elle et de toi.

Résumé. — La politesse bien ordonnée commence par la maison.
Ceux qui ne sont polis qu'avec les étrangers ne connaissent pas la
véritable politesse.

Vous devez à vos parents tout ce que vous êtes et ce que vous
serez un jour. Quels sacrifices de tous genres ne se sont-ils pas
imposés pour vous !

Coriolan accorda à sa mère tout ce qu'il avait refusé aux puis-
sances de Rome : il lui sacrifia même sa vie.

L'amour filial de Sertorius est aussi un magnifique exemple.

Les frères et sœurs doivent s'aimer et pratiquer entre eux la
vertu de politesse.

Caïn et Antigone.

Ruth et Noémi.

La supériorité de la vie de famille.

Lumière et ombres.

Soyez la joie et le rayonnement du foyer.

Support mutuel, attentions réciproques

Témoignages d'affection.

La page de Frédéric II.

CHAPITRE V

Les Maîtres. — Les Bienfaiteurs.

SOMMAIRE. — On doit toujours aimer les maîtres qui nous ont instruits et dont les leçons ont formé notre esprit et notre caractère. — Ce que l'on doit à ses bienfaiteurs.

Après Dieu, après la famille, la politesse du cœur a pour objet les maîtres. Nous ne devons pas oublier ce que nous leur devons. Si notre carrière est brillante, si notre esprit est orné, si notre intelligence est développée, nous le devons à ceux qui, pendant notre enfance, ont été chargés du soin de nous instruire. Ce n'est pas pour l'école, c'est pour la vie que nous apprenons. Ce n'est donc pas seulement pendant le temps des études, c'est toujours, qu'il faut aimer et respecter ceux qui ont été nos maîtres, et le leur témoigner autant que possible.

Le roi Philippe de Macédoine écrivait à Aristote, en lui annonçant la naissance d'Alexandre : « Je re-

mercie moins les dieux de m'avoir donné un fils, que
de pouvoir lui donner Aristote pour maître; » et
l'empereur Marc-Aurèle disait : « Je remercie les
dieux d'avoir eu de bons maîtres, de les avoir promp-
tement élevés aux places qu'ils désiraient, et d'avoir
rencontré de bons instituteurs pour mes enfants ! »
Il aimait tant ses professeurs, qu'il avait fait placer
leurs portraits, gravés sur l'or, parmi ses dieux
lares, et plus tard il rendit de grands honneurs à
leurs tombeaux.

On doit à ses maîtres ce que l'on est, et quand la
carrière est glorieusement fournie, ce bonheur est
souvent la conséquence de l'enseignement que l'on
a reçu d'eux.

N'oubliez pas non plus vos bienfaiteurs. Soyez
toujours prêts à obliger ceux dont vous avez
reçu quelque témoignage d'intérêt ou d'affection. La
reconnaissance n'est lourde que pour ceux qui n'ont
pas de cœur. L'ingratitude est le fait des âmes viles.
Si vous avez la mémoire du cœur, rappelez-vous
combien de personnes dans le chemin de la vie vous
ont obligés, soutenus, aidés, dans les circonstances
difficiles ou pénibles que vous avez traversées : ceux-
là sont vos meilleurs amis, des amis *éprouvés*. Ne
négligez aucune occasion de leur témoigner votre
gratitude, et s'il y a lieu, de leur rendre service à

votre tour : saisissez-en l'opportunité avec tout l'empressement d'une âme généreuse.

> La vertu, retiens-le, c'est le parfum de l'âme,
> C'est ce qui nous rend chers aux regards du Seigneur
> C'est l'encens que le ciel de tout être réclame,
> C'est la plus pure gloire et le plus vrai bonheur !

RÉSUMÉ. — Après vos parents, vous devez aimer vos maîtres, vos bienfaiteurs.

Le maître a consacré toute son existence et toute sa science à vous instruire.

La vocation d'une personne se révèle souvent à la faveur des leçons du maître.

Non seulement aimez ceux qui furent vos maîtres, mais encore respectez-les.

Philippe de Macédoine et l'empereur Marc-Aurèle enseignent ce que l'on doit à ses maîtres.

Ne pas aimer ses maîtres seulement pendant le temps des études, mais toujours, et le leur témoigner quelquefois.

Soyons toujours prêts à obliger ceux qui nous ont fait du bien.

L'ingratitude est le fait des âmes viles.

La reconnaissance ne pèse pas aux nobles cœurs.

CHAPITRE VI

Les Amis.

Un véritable ami est une douce chose!

C'est un si grand trésor qu'on ne saurait trop faire pour le conserver !... Soyez heureux d'avoir des amis; leur existence prouve la **noblesse de** votre cœur, puisque :

Pour les cœurs corrompus l'amitié n'est point **faite.**

Mais ce trésor, prenez-en soin.

La délicatesse exige que l'on ait des égards envers ceux qui nous sont les plus familiers. L'amitié est une fleur si fragile qu'elle a besoin d'être ménagée. Ne vous permettez donc, à l'égard de vos amis, rien qui puisse les froisser. Ayez votre franc parler avec eux, sans doute, car selon le précepte de Boileau :

Un véritable ami, rigoureux, inflexible,
Jamais sur vos défauts ne vous laisse paisible.

Mais il faut que le ton et la façon de leur dire certaines choses, qu'un ami seul peut se permettre, soient tels que l'intérêt, l'amitié percent et se manifestent ostensiblement dans vos paroles.

Soyez empressés à rendre service à vos amis ; avertissez-les s'ils s'exposent à encourir quelque peine. Il faut parfois du courage pour reprendre son ami, lui annoncer une pénible nouvelle. Personne n'osait annoncer à Louis XIV la perte de la bataille de Denain. Mme de Maintenon seule eut ce courage.

Si la réputation d'un ami souffrait quelque atteinte, osez l'en avertir, et avisez entre vous au moyen d'arrêter ce flot destructeur, ce coup de langue, plus difficile à guérir qu'un coup d'épée.

Ne permettez jamais à la trivialité de défigurer vos dialogues ; entre amis, il y a des bornes qu'on ne saurait franchir sans se blesser soi-même.

Il y a. peut-être plus de circonspection à garder envers ses amis qu'envers des inconnus, précisément en raison de la liberté qui règne entre vous.

Témoignez à vos amis la plus entière confiance. Alexandre but en présence de son médecin, Philippe, la coupe que celui-ci lui présentait, tandis que de l'autre main il lui tendait une lettre par laquelle Parménion l'avertissait que son médecin voulait l'empoisonner. Quel témoignage de confiance !

Repoussez bien loin tout ce que la malveillance pourrait vous insinuer contre vos amis ; ne souffrez pas qu'on médise d'eux en votre présence, et flétrissez comme il le mérite tout calomniateur.

On vint dire à Platon que Xénocrate avait mal parlé de lui.

— Je n'en crois rien, répondit-il.

On insista.

Il ne céda point.

On offrit des preuves.

— Non, répliqua-t-il, il est impossible que je ne sois pas aimé d'un homme que j'aime si tendrement.

Que toutes ces choses se manifestent dans vos rapports avec vos amis ; c'est à ces fruits-là que vous les reconnaîtrez.

Avec nos amis, nous pouvons parler cœur à cœur, sans crainte et sans regrets. Auprès d'eux, on se fortifie, on se console.

À raconter ses maux, souvent on les soulage.

Les heures passent comme des instants ; on se comprend à demi-mot, le silence même est un langage.

O divine amitié, félicité parfaite !
Change en biens tous les maux où le ciel m'a soumis.
Compagne de mes pas, dans toutes mes demeures,
Dans toutes les saisons et dans toutes les heures,
Sans toi tout homme est seul ; il peut, par ton appui,
Multiplier son être et vivre dans autrui.
Idole d'un cœur juste et passion du sage,
Amitié ! Que ton nom couronne cet ouvrage ;
Qu'il préside à mes vers comme il règne en mon cœur ;
Tu m'appris à connaître, à chanter le bonheur !

Feuilletez votre histoire, vous y trouverez des amis célèbres dont le temps n'a fait que rehausser l'éclat. Pour ne donner que leurs noms, citons David et Jonathas, deux héros de la Bible ; Pythias et Damon, deux jeunes Syracusains ; Epaminondas et Pélopidas, dont les exploits ont illustré les Thébains ; Nisus et Euryale, qu'a célébrés Virgile ; puis saint Bazile et saint Grégoire de Nazianze. Plus près de nous, Montaigne et La Boétie. Lorsqu'on demandait à Montaigne pourquoi il aimait La Boétie, il répondait : « Parce que c'est lui, parce que c'est moi. »

Jésus lui-même a consacré l'amitié, puisqu'il aima tout particulièrement saint Jean et qu'il pleura Lazare.

Mais qu'ils sont rares les amis véritables !...Combien s'affublent de ce titre sans le mériter !
La Fontaine nous l'a dit en beaux vers :

> Chacun se dit ami, mais fou qui s'y repose.
> Rien n'est plus commun que le nom,
> Rien n'est plus rare que la chose.

RÉSUMÉ. — Observer une grande circonspection avec ses amis.
L'amitié est une fleur fragile.
Évitez de froisser vos amis.
Soyez courageux au besoin à leur égard.
Ne souffrez pas les médisants, flétrissez les calomniateurs.
Pas de trivialité en causant entre vous.
La confiance est la plus grande preuve d'amitié.
Alexandre et son médecin Philippe.

Un véritable ami est une douce chose.

Pour les cœurs corrompus l'amitié n'est point faite

Le temps qui détruit tout cimente l'amitié.

Les vrais amis sont rares.

II

LA POLITESSE DE L'ESPRIT

CHAPITRE VII

Du savoir-vivre dans le monde

Sommaire. — Usages du monde. — L'esprit, le tact indispensable dans la société. — L'instruction et l'éducation.

Nous vivons en société, nous devons nous entr'aimer, nous entr'aider; et la loi naturelle écrite au fond de nos cœurs nous dit, par la voix de la conscience, de ne pas faire aux autres ce que nous ne voudrions pas qu'on nous fît à nous-mêmes.

Ce n'est donc pas seulement dans le cercle restreint de la famille et des amis intimes qu'il nous suffit d'exercer la politesse du cœur, il faut encore se conformer aux usages établis et reçus dans la société. Aucune personne bien élevée ne les ignore ; y manquer, c'est donner une marque certaine de mauvaise éducation.

Ainsi, vous devez savoir comment se font et se reçoivent les visites, selon les personnes, les temps, les lieux et les circonstances ; comment on assiste à un dîner prié, à une soirée, à une réunion, à une cérémonie quelconque ; comment, et dans quel temps on répond à une invitation ; comment on doit écrire ; comment on doit parler ; et aussi, retenez-le bien, comment on doit écouter. Vous ne devez pas omettre les égards dus au malheur, à l'infortune, aux pauvres, aux malades, aux déshérités.

Tous ces rapports divers sollicitent non seulement le cœur, mais aussi l'esprit. C'est l'esprit qui préside à nos relations avec le monde, et c'est par le tact que l'on déploie dans certains cas, que l'on donne la mesure de son esprit. Il faut, selon les circonstances, pleurer avec ceux qui pleurent ou se réjouir avec les heureux. C'est le bon sens qui vous indique la marche à suivre dans ces mille replis du monde, où rien n'est dicté d'avance, et où vous n'avez pour vous diriger que ce tact qui est la pierre de touche de l'esprit de société.

Ne croyez donc pas que l'instruction, que vous avez acquise, vous éclaire suffisamment, et dans toutes les occasions, sur ce que vous devez faire ou ne pas faire.

L'instruction, qu'il ne faut pas confondre avec l'éducation, développe et éclaire l'intelligence; l'éducation élève tout l'homme. Par la bonne éducation, on est bien élevé, titre supérieur à celui de bien instruit que confère l'instruction seule. On peut avoir de l'instruction sans avoir beaucoup d'éducation. L'éducation ne suppose pas seulement, comme l'instruction, la culture de l'intelligence, elle développe à la fois toutes les facultés physiques, morales et intellectuelles; ainsi, le corps, l'intelligence, le cœur et l'âme sont à la fois cultivés par l'éducation.

RÉSUMÉ. — Ne faites pas aux autres ce que vous ne voudriez pas qu'on vous fît à vous-mêmes.

Vous devez vous conformer aux usages reçus, sous peine de passer pour mal élevés.

Une personne bien élevée, non-seulement sait vivre, parler écrire, elle sait encore écouter.

Le tact dans les mille dédales du monde est la pierre de touche de l'esprit de société.

L'instruction, c'est bien, mais l'éducation c'est mieux, car celle-ci comporte celle-là. L'une est un bouquet, l'autre une simple fleur.

III

LE MONDE ET SES EXIGENCES

CHAPITRE VIII

Madame Geoffrin (1).

« Si le XVIII° siècle a ses ombres, il a ses gloires aussi ! Révélons donc ce qu'il a de glorieux dans les femmes qui l'ont illustré.

« Il appartenait aux héroïnes du sexe faible, mais fin et délicat, de braver les obstacles que les hommes d'alors voulaient leur opposer, et d'essayer de relever, ou plutôt de soutenir la société croulante, dont les orgies et les débordements ne pouvaient qu'aboutir à un cataclysme fatal.

---

(1) Extrait des *Causeries sur les femmes célèbres de l'histoire générale*, par Mme A. Mathieu.

« Jamais les salons créés par des femmes d'esprit, comme des asiles ouverts à ce qui restait de bien, et dont l'accès était impossible au mal, ne furent plus brillants qu'à cette époque.

« Nous avons vu avec quel art Mme de Lambert gouverna le sien ; nous verrons de généreuses et spirituelles femmes suivre son exemple, et Mmes du Deffand, de Lespinasse, Helvétius, ouvrir comme Mme Geoffrin une arène aux luttes de l'esprit et du savoir.

« La célèbre marquise de Tencin, eut aussi un salon brillant et distingué ; mais sa morale est moins pure, ses intentions moins droites. L'ambition qui la domine perce partout chez elle ; et, malgré tout l'esprit qu'elle sut déployer autour d'elle, nous ne pouvons que la flétrir d'avoir par sa conduite effleuré même le crime. C'est elle qui disait à Mme Geoffrin, son émule et son disciple, mais un disciple qui surpassa de beaucoup son maître dans le beau, « de ne refuser jamais aucune relation d'a- « mitié, car si neuf sur dix ne rapportent rien, une « seule peut tout compenser. »

« Tout sert en ménage, disait-elle encore, quand « on a en soi de quoi mettre les outils en œuvre. » Elle avait coutume de répéter à tout son entourage : « Les gens d'esprit font beaucoup de fautes en con-

« duite, car ils ne croient jamais le monde aussi bête
« qu'il est. »

« Plus tard, Mme Necker et sa fille, Mme de
Staël, couronnèrent l'œuvre des femmes de leur
siècle, œuvre qui demeure à leur plus grande
gloire.

« Revenons à Mme Geoffrin dont le nom brille en
tête de ces génies parisiens, doués à un si haut degré de la vertu affable et sociale, et qui sont émi-
nemment civilisateurs.

« J'emprunte à Sainte-Beuve le texte de sa première page sur Mme Geoffrin.

« Il y a des personnes, peut-être, qui s'imaginent
« qu'il suffit d'être riche et d'avoir un bon cuisinier,
« une maison confortable et située dans un bon
« quartier, une grande envie de voir du monde, et
« de l'affabilité à le recevoir, pour se former un sa-
« lon ; on ne parvient de la sorte qu'à ramasser du
« monde pêle-mêle, à remplir son salon, non à le
« créer. Et si l'on est très riche, très actif, très
« animé de ce genre d'ambition qui veut briller, et
« à la fois bien renseigné sur la liste des invitations
« à faire, déterminé à tout prix à amener à soi les
« rois ou reines de la saison, on peut arriver à la
« gloire qu'obtiennent quelques Américains chaque

« hiver à Paris ; ils ont des *raouts* brillants, on y
« passe, on s'y précipite, et l'hiver d'après on ne
« s'en souvient plus. »

« Qu'il y a loin de ce procédé d'invasion à l'art
d'un établissement véritable ! Et personne ne con-
çut cet art plus en grand, ne le poussa plus avant,
et ne l'appliqua avec plus de perfection et de fini
dans le détail, que Mme Geoffrin. Un cardinal romain n'y aurait pas mis plus de politique, plus
d'habileté fine et douce, qu'elle n'en dépensa pendant trente ans. C'est surtout en l'étudiant de près
qu'on se convainc qu'une grande influence sociale a
toujours sa raison d'être, et que sous ces fortunes
célèbres, qui se résument de loin en un simple nom
qu'on répète, il y a eu bien du travail, de l'étude et
du talent ; dans le cas présent de Mme Geoffrin, il
faut ajouter bien du bon sens.

« Mme Geoffrin n'était déjà plus jeune femme quand
elle vint à Paris ; et l'âge, tout en lui laissant
l'affabilité de la jeunesse, ajoutait, aux charmes de
son esprit et de son cœur, l'expérience de la vie et
des hommes, et lui donnait sur les personnes qu'elle
recevait une irrésistible autorité. Son éducation
n'avait pas été ce que de nos jours on nommerait
brillante, mais solide, ce qui vaut beaucoup mieux.
Ecoutez-la elle-même, répondant à ce sujet, à l'impé-

ratrice de Russie qui l'avait interrogée sur son éducation première :

« "ai été élevée par une vieille grand'mère qui avait beaucoup d'esprit et une tête bien forte. Elle avait très peu d'instruction, mais son esprit était si éclairé, si adroit, si actif, qu'il ne l'abandonnait jamais. Il était toujours à la place du savoir, et elle parlait si agréablement des choses qu'elle ne savait pas, que personne ne désirait qu'elle les sût mieux ; et quand son ignorance était trop visible, elle s'en tirait par des plaisanteries qui déconcertaient les pédants qui auraient voulu l'humilier. Elle était si contente de son lot qu'elle regardait le savoir comme une chose très inutile pour une femme. Elle disait : je m'en suis si bien passé que je n'en ai jamais senti le besoin. Si ma petite fille est une sotte, le savoir la rendrait confiante et insupportable ; si elle a de l'esprit et de la sensibilité, elle fera comme moi, elle suppléera par adresse et avec du sentiment à ce qu'elle ne saura pas ; et quand elle sera plus raisonnable, elle apprendra ce pour quoi elle aura plus d'aptitude, et l'apprendra vite.

« Elle ne m'a donc fait apprendre dans mon enfance simplement qu'à lire, mais elle me faisait beaucoup lire. Elle m'apprenait à penser en me faisant raisonner ; elle m'apprenait à connaître les hommes en me faisant dire ce que j'en pensais et en me disant aussi le jugement qu'elle en portait. Elle m'obligeait à lui rendre compte de tous mes mouvements et de tous mes sentiments, et elle les rectifiait avec tant de douceur et de grâce que je ne lui ai jamais rien caché de ce que je pensais et sentais; mon intérieur lui était aussi visible que mon extérieur, mon éducation était continuelle...

« Vous le voyez, Mesdames, du solide, une intelligence développée, une personne qui sait discerner, étudier les choses qui l'environnent, et fait de bonnes lectures dont elle sait tirer tous les fruits possibles : telle était Mme Geoffrin.

« Mme de Lambert, elle, dès son enfance, se dérobait souvent aux plaisirs de son âge pour aller lire en son particulier, et elle s'accoutumait, de son propre mouvement, à faire de petits extraits de ce qui la frappait le plus.

« Nous allons chercher bien loin des traités sur l'éducation, en voilà un, et des meilleurs, offert par ces deux femmes spirituelles et charmantes, qui furent des soleils pour le monde qui les a connues et goûtées.

Il n'est meilleur ami, ni parent que soi-même,

dit La Fontaine ; on pourrait ajouter qu'on est soi-
même aussi son meilleur professeur ; c'est la manière suprême de s'instruire foncièrement que de le
faire à la façon de Mme de Lambert et de Mme Geoffrin ; et les personnes les plus instruites sont souvent celles qui n'ont pas eu de professeur.

« Une mère judicieuse qui formerait sa fille comme
fit la grand'mère de Mme Geoffrin, et qui dirigerait
ses études à la façon de Mme de Lambert, en lui faisant faire des extraits de ses lectures, en l'interro-
geant ensuite, en ne laissant rien passer d'incompris,
le tout accompagné de leçons de ménage et de travaux d'aiguille, ferait une institutrice accomplie et
formerait une élève parfaite ; et il n'en faudrait pas
beaucoup élevées à cette école-là, pour réformer la
société tout entière.

« Revenons à Mme Geoffrin, qui sut si bien concevoir et diriger cette machine compliquée que l'on
nomme un salon, qui sut l'organiser au complet,
avec des rouages doux, insensibles, mais savants et
entretenus par des soins continuels. Elle n'embrassa
pas seulement dans sa sollicitude les gens de lettres,
mais elle s'occupa des artistes, des sculpteurs, des
peintres, pour les mettre tous en rapport entre eux
et avec les gens du monde. Elle eut chaque semaine
deux dîners de fondation, un pour les artistes, aux-

quels elle joignait quelques amateurs de distinction, quelques littérateurs pour soutenir la conversation et établir la liaison des uns aux autres; l'autre était destiné aux hommes de lettres. Mlle de Lespinasse seule y était admise avec la maîtresse de maison, car Mme Geoffrin avait remarqué que plusieurs femmes distraient les convives, dispersent et éparpillent la conversation. Elle exerça, de cette manière, une très grande influence sur les hommes de son temps, et, par son art infini, son esprit de suite, elle devint comme un habile administrateur, et presque un grand ministre de la société.

« Ne croyez pas, Mesdames, que tant de grandes choses se soient faites sans peine ; une pareille influence sociale ne s'acquiert pas en dormant.

Tout veut des soins, du temps, et tout est acheté.

« De bien précieux éléments manquent aujourd'hui à la société, et en ont emporté avec eux tout le charme et le bienfait. Dans la haute société surtout, dit M. Villemain, beaucoup de choses se sont envolées des âmes. La sincérité, la candeur, la joie, l'imagination, le sentiment vif de la vérité. Penser par soi-même est devenu chose fort rare en France et dans le monde, et, chez une femme, c'est assez mal vu d'ordinaire, on sourit ou l'on s'en indigne.

« Il y a deux manières de ne pas penser par soi-même, c'est de répéter ce que disent les autres ; ou bien de vouloir se faire un genre à part, en disant tout le contraire des autres: après le calque, il n'y a rien de plus aisé que le contre-pied.

« Penser pour soi et pour ses amis, sans prétention à s'afficher ; vouloir se former des opinions justes sur les choses essentielles, sans aspirer à les produire ; *étudier, voir, regarder, oser, sentir et dire*, est une marque de distinction dans une nature.

« Comprenons, Mesdames, toutes ces grandes vérités et mettons-les à profit. Sortons enfin du cercle vicieux dans lequel nous tournons ; que les plus fortes, les plus habiles, les plus courageuses donnent l'élan et rendent à la société, par de généreux efforts, tous les charmes qu'elle a perdus.

« Il ne faut pas croire qu'un salon ne soit possible qu'à Paris, il est possible partout, avec moins d'éclat, moins d'étendue peut-être, mais avec plus d'intimité et de simplicité, ce qui est une avantageuse compensation qui n'enlève rien à la valeur personnelle des gens que l'on reçoit. L'esprit a partout la même valeur, il ne faut qu'un aimant qui le sollicite pour le faire jaillir. L'esprit d'une maîtresse de maison consiste surtout à faire produire celui de ses hôtes. Nulle part les éléments ne manquent pour constituer un cercle de personnes distinguées par leur savoir, leur talent, ou par une fine intelligence qui comprend à demi-mot, même sans avoir beaucoup appris. Il ne faut que du tact et du discernement pour savoir démêler dans la foule environnante les valeurs réelles d'entre les non-valeurs, et savoir établir entre ces éléments divers réunis autour de nous, ce trait d'union nécessaire à former l'ensemble de la société de votre salon.

« Pas un étranger de distinction ne vivait ou ne passait à Paris, sans aspirer à être admis chez Mme Geoffrin; les princes y venaient en simples particuliers et les ambassadeurs n'en bougeaient plus. Notez bien, Mesdames, que Mme Geoffrin précède la Révolution et qu'elle n'est qu'une simple bourgeoise.

« Je me serais bien gardée d'omettre ce trait caractéristique du salon de Mme Geoffrin, celui d'avoir établi l'égalité parmi ses hôtes. Les princes mêmes abdiquaient là toute idée de supériorité, à tel point que lorsque Stanislas Poniatowski monta sur le trône de Pologne, il écrivit à Mme Geoffrin ces simples mots : « Maman, votre fils est roi ! »

« C'est une grande leçon, qu'il ne faut pas oublier. Dès que vous admettez quelqu'un chez vous, il est plus que votre hôte, il est votre ami; mettez-le au niveau des autres, vous ne pouvez sans déroger aux lois de l'hospitalité établir parmi vos convives des distinctions blessantes.

« Mme Geoffrin, en admirable maîtresse de maison qu'elle était, avait l'œil à tout ; elle présidait, elle grondait, elle voulait qu'on se tût à temps ; elle faisait la police de son salon, et d'un seul mot : « *Voilà qui est bien,* » dit d'une certaine manière, elle arrêtait à point toutes les conversations qui s'égaraient, ou les esprits qui s'échauffaient.

Etre admis chez elle obligeait à la modération dans la conduite, et c'était une très mauvaise note pour ceux qu'elle recevait que de se faire mettre à la *Bastille.* Son génie moralisateur s'étendait partout ; elle avait fait inscrire sur des jetons cette devise : « L'économie est la source de l'indépendance et de la liberté ! » Elle disait souvent : « Il ne faut pas laisser croître l'herbe sur le chemin de l'amitié. » Mais sa maxime favorite était celle-ci qu'elle pratiquait absolument : « Donner et pardonner. » Son noble exemple, Mesdames, générosité, bienfaisance, indulgence et pardon, se traduit en langage chrétien par le mot charité ; et la charité nous mène au ciel.

CHAPITRE IX

La Maison.

Nos maisons sont nos prisons, dit un vieil adage.
Autrefois, en effet, on pouvait s'exprimer ainsi ; les
maisons de nos aïeux étaient sombres et incom-
modes, le jour n'y pénétrait que par d'étroites fenêtres, encadrées dans d'épaisses murailles et ornées
de petits vitraux plombés qui semblaient interdire
à la lumière du ciel l'entrée de la grande salle. Les
boiseries étaient noircies par le temps, les solives
qui formaient le plafond, et les vieilles tapisseries
tendues sur les murailles, remises à la mode aujourd'hui, n'étaient pas toujours faites pour égayer
davantage.

Si nous remontons plus haut, c'était bien autre
chose encore. Les femmes, ne comptant pas, étaient
reléguées au gynécée, pièce retirée dans l'appartement le plus reculé de la maison, où personne n'a-
vait accès que le maître et les esclaves.

Ce fut la chevalerie, au moyen-âge, qui releva la
femme : « DIEU, MA DAME ET MON ROY, » était la devise de tout noble chevalier ; et le seul nom de Notre-
Dame fut pour la femme le palladium sacré qui la
sauva de l'esclavage. Alors, tandis que le farouche
vassal allait dévaster les terres de son maître, la
châtelaine restait au manoir avec ses fils ; elle leur
enseignait le fameux dicton de la chevalerie française : « Noblesse oblige. » C'est à cette époque qu'il
nous faut remonter pour trouver l'origine de la puissance actuelle de la femme. Puissance incontestable,
avec laquelle il faut compter ; mais qui semble dé-
générer de nos jours. C'est une grave question que
le cadre de cet ouvrage ne permet pas d'approfondir,
et qu'il conviendrait de développer dans un travail
spécial.

Aujourd'hui, nos maisons sont *nos cages.* C'est là
que nous vivons, que nous régnons, lorsque nous
savons gouverner sagement notre petit royaume;
là qu'est le berceau des enfants et que s'élabore
l'importante tâche de leur éducation ; là que nous

recevons nos amis à notre table, comme à notre foyer ; et où s'exerce, à côté des grandes vertus de la mère, les qualités brillantes de la femme du monde. Le gynécée antique a fait place au salon moderne où l'on ne devise plus de guerre et d'amour comme dans la grande salle du manoir féodal, mais où il faut savoir causer sur toutes choses, et non *babiller*, comme on le reproche aux femmes de nos jours.

Le devoir de la femme est de rendre la maison aussi agréable que possible, de dorer sa cage, de la rendre charmante et conforme aux lois de l'hygiène. Que l'ordre le plus absolu s'y manifeste, que la propreté la plus rigoureuse en soit le luxe, que le *je ne sais quoi*, qui fait qu'on s'y trouve bien, soit dans l'air qu'on y respire. Et pour cela, pas n'est besoin d'une grande fortune ni de ce luxe malsain, qui pour donner ici le superflu prive ailleurs du nécessaire, et cause cette gêne indéfinissable qui substitue le nuage au rayon de soleil, et les fronts soucieux aux visages épanouis.

Une maison dans laquelle on entre pour la première fois produit toujours une impression quelconque sur le visiteur. Le cachet de la maîtresse de maison le frappe au premier aspect et lui donne, pour ainsi dire, l'adresse du mérite de la femme qui

préside à l'arrangement, à la décoration de sa demeure.

N'avez-vous jamais éprouvé ce bien-être qu'imprime le seul aspect d'un parloir de couvent? Quelle
simplicité pourtant! quelle absence totale de luxe !
Mais la propreté y est exquise, la pièce est vaste,
bien aérée ; les rideaux bien blancs, le parquet luit
comme un miroir, le silence règne alentour ; on s'y
sent à l'aise, on s'y repose, on voudrait y rester toujours. On se demande pourquoi des tentures, des
divans, des meubles incrustés, des objets d'art, des
tapis moëlleux, lorsqu'on est si bien sans tout cela!
Mais, c'est que :

> Ici viennent mourir les derniers bruits du monde,
> Nautonniers sans espoir, abordez, c'est le port.
> Ici l'âme se plonge en une paix profonde ;
> Et cette paix n'est pas la mort!...

Eh bien! chère lectrice, donnez, dans l'arrangement de votre maison, l'adresse, pour ainsi dire, de
votre goût et de votre esprit, et soyez-en vous-même
la vie et le charme. Songez aux autres et non à vous:
là est tout le secret du bien-faire.

Pour l'habitation, l'exposition au levant est la
meilleure. Le soleil du matin est le plus vivifiant ; et,
lorsque les ardeurs du midi le rendent plutôt gênant

qu'agréable, il n'est déjà plus là, tandis qu'il éclaire et embellit tout ce que vous voyez de vos fenêtres. Cette exposition à l'est vous dispense d'un grand feu, et le feu des cheminées ne s'entretient qu'aux dépens de l'air respirable.

Il faut que le *chez soi* convie à la joie, au bonheur, au repos ; qu'il y ait une place pour chaque chose et que chaque chose soit à sa place ; que vous, reine de cette ruche, oiseau de cette cage, si bien ornée, ne cherchiez pas à faire admirer votre voix, ni vanter votre plumage ; mais que vous y introduisiez ce pur et céleste reflet que nos aïeules savaient amener dans leurs sombres demeures, afin que vos époux, vos enfants, vos amis, se trouvant si bien sous votre toit hospitalier, vous disent, comme les disciples de Jésus à l'heure de la transfiguration : « Seigneur ! nous sommes bien ici ; ne voulez-vous pas que nous y établissions nos tentes ? »

RÉSUMÉ. — Nos maisons ne sont plus nos prisons, elles sont nos cages.

La chevalerie a relevé la femme au moyen-âge.

La châtelaine inspirait à ses fils le beau dicton de la chevalerie : « Noblesse oblige. »

Les grandes vertus de la mère doivent s'allier aux brillantes qualités de la femme du monde.

4

La tenue d'une maison porte le cachet de la femme qui la gouverne.

Richesse et élégance sont deux choses distinctes.

L'exposition au levant est la meilleure.

Qu'il y ait chez vous une place pour chaque chose et que chaque chose soit à sa place

CHAPITRE X

Le Salon.

Puisque le but de cet ouvrage ne concerne que les questions relatives au monde et à ses usages, abordons sans plus tarder le sujet qui seul doit nous occuper ici à propos de la maison, je veux dire le salon.

Commençons par le côté matériel de la question : la pièce et son ameublement.

Le salon doit être aussi vaste que possible, le mobilier conforme à la situation, non-seulement de la personne qui reçoit, mais encore des personnes que l'on y reçoit. Visez moins pour cela au luxe à effet, qui tient plus à la valeur intrinsèque, au prix des objets, qu'à leur beauté véritable.

Luxe n'est pas synonyme d'élégance; l'élégance est due au bon goût plutôt qu'à la richesse. « Le bon goût, dit une femme du monde, réside dans l'amour de la simplicité, de l'harmonie, de la grâce, et rien ne lui est plus opposé que le clinquant, d'une part, et l'étalage de la richesse de l'autre. »

Soyez donc modestes dans votre mobilier, comme vous devez l'être dans votre mise ; afin que l'un et l'autre, avant de faire dire de vous, c'est une femme riche, aient convaincu quiconque vous voit, que vous êtes une femme *comme il faut*, élégante, sans prétention, simple et modeste.

Songez avant tout au bien-être de ceux que vous recevez, à ce qui peut leur plaire ou leur être utile. Ayez dans les pièces destinées à recevoir vos visiteurs, quelque chose qui indique quelles sont vos convictions, vos goûts, vos habitudes, votre caractère ; quelque chose qui leur fasse comprendre, comme à première vue, ce qu'ils peuvent se permettre et ce qu'ils doivent s'interdire.

Il me semble éprouver encore l'impression que fit sur moi un tableau, fort mal placé, dans une salle à manger: c'était la mort de Jane Gray. Le billot est devant elle ; le bourreau tient la hache, prêt à frapper ; la victime a les yeux bandés ; **une de ses femmes se livre** près d'elle au plus extrême désespoir ; c'est palpitant ! et je me disais : comment peut-on manger en présence d'une semblable scène! Non. Choisissez mieux ; et, si dans une salle à manger les tableaux de chasse et de nature morte conviennent absolument, qu'il s'y trouve aussi quelque sujet historique ou religieux qui avertisse vos hôtes de se réserver dans la conversation, et de s'abstenir d'y traiter des sujets qui pourraient vous sembler inconvenants.

Le beau inspire ; une œuvre d'art exerce une grande influence sur la conversation.

Si l'on trouve chez vous un album, une collection des œuvres des grands artistes, de belles gravures, on parle de toutes ces choses, et l'impression qu'elles font est toujours à l'avantage de l'esprit et de l'âme, dont la contemplation du beau peut redresser les errements et les tourner vers le bien. Les sens s'accoutument à percevoir le laid et le grossier, et disposent le cœur à aimer ce qui est mauvais. Il existe entre toutes ces choses des liens imperceptibles qui rendent un salon important ou insignifiant.

Travaillez vous-mêmes à l'ornement de votre salon, en brodant ces petits riens qui en achèvent l'ameublement : coussins, lambrequins, **abat-jour**, bobêches, etc.; toutes ces choses confectionnées par vos mains décèlent votre activité, **votre** amour **du** travail et votre bon goût.

Les sièges doivent être disposés de manière qu'on se trouve groupés en y prenant place. Il est bon qu'il y ait un guéridon au milieu, et sur ce guéridon quelques objets tels que couteau à papier, ciseaux, etc. que l'on prend entre ses doigts tout en causant. Hâtons-nous d'ajouter que cela convient davantage à un boudoir, où la conversation est plus intime. Ces petits moyens ont leur valeur ; les moindres causes produisent parfois les meilleurs effets.

Que la plus charmante ornementation de votre salon consiste dans les fleurs, emblêmes de la femme et de la jeune fille, qui doivent, comme les fleurs, embellir et charmer. Quoi de plus beau que cet orne-ment naturel qui offre à la fois l'éclat et le parfum!.. Placez-les vous-mêmes dans les vases, sur les con-soles et les cheminées, ou dans les jardinières. Les fleurs donnent de la vie, de la fraîcheur, de la gaieté à un appartement, et cet ornement-là, tous peuvent se le permettre. Une plante, c'est un être, puisqu'il vit et qu'il meurt; il a besoin de vos soins intelligents, car ce qui nourrit l'un peut tuer l'autre ; il faut beaucoup d'eau à celle-ci, très peu à celle-là ; du soleil aux unes, et de l'ombre aux autres ; il s'établit un lien, je dirai presque affectueux, entre vos plantes et vous. Vous avez ranimé celle-ci et sauvé celle-là. Puis, chaque saison en produit de nouvelles, c'est le zodiaque des salons.

La place de la maîtresse de maison est, en hiver, auprès de la cheminée. Les places d'honneur sont, ou tout près d'elle, ou bien à l'autre coin du feu. En été, c'est à l'endroit du salon où se trouve le canapé.

La maîtresse de maison n'offre sa place à personne.

Le soir, un salon doit être brillamment éclairé, dans la journée, au contraire, une vive lumière nuit à la fraîcheur des meubles et des tentures.

Si vos hôtes sont nombreux, la conversation s'éparpillera naturellement en petits groupes ; si, au au contraire, il n'y a que quelques personnes, la conversation sera générale.

A moins que vous ne receviez un très grand nombre d'invités, n'ayez qu'un salon.

Lorsqu'il y a plusieurs pièces, la réunion se scinde, les hommes fuient les femmes, parce que, entre nous, Mesdames, la conversation des femmes est trop souvent frivole.

Beaucoup ne savent parler que chiffons d'une part et pot-au-feu de l'autre. Cela ne plaît point aux

hommes, qui aimeraient souvent causer avec elles
sur de plus graves ou plus intéressants sujets. L'habitude de fuir les femmes est prise et ne se perdra
pas aisément.

Les mœurs n'y gagnent rien. L'harmonie ne saurait régner dans une société dont les éléments cons-
titutifs sont divergents. L'influence des femmes est
nécessaire à la civilisation. Les hommes fuient les
femmes et vont se réfugier dans leurs cercles, dont
la note féminine est bannie, et où ne pénètrent sous
ce rapport que les éléments pernicieux. Le café, le
cercle, les maisons de jeu, le *turf*, la Bourse, les
théâtres, etc., sont aujourd'hui la scène où s'agitent les hommes. On reconnaît l'arbre à ses fruits.
Qui donc trouve savoureux les fruits que nous donne
cet arbre ?

Les femmes font les mœurs, Mesdames, à vous
donc de relever les nôtres !...

C'est à la maîtresse de maison qu'appartient le dé
de la conversation. Elle doit saisir à première
vue sur quel terrain il convient de se placer, eu
égard au plus grand nombre des assistants, et au
niveau général des intelligences : c'est en cela véritablement que réside l'art du gouvernement d'un
salon. Voyez ce que nous disions plus haut à propos
de Mme Geoffrin : d'un seul mot « Voilà qui est

bien, » dit d'une certaine façon, elle arrêtait les conversations qui s'égaraient ou les esprits qui s'échauffaient.

N'ayez de préférence et ne faites de distinction pour personne ; et, s'il est permis de contrevenir à cette loi générale, ce ne peut-être qu'en faveur d'une personne étrangère à laquelle nul ne fait attention, et dont une maîtresse de maison doit s'occuper plus spécialement, jusqu'à ce que cette personne soit *acclimatée.*

Dans le cercle qu'elle préside, la femme doit remplir le rôle d'une fée bienfaisante qui connaît les goûts de chacun de ses hôtes, qui adoucit les aspérités des caractères anguleux, évite les chocs blessants, ranime le courage des personnes timides, met une sourdine aux grands airs des gens importants, et modifie les effets produits par ces naïfs égoïstes qui prétendent accaparer à leur profit l'attention, les soins, l'admiration d'une réunion toute entière.

Vous le voyez, Mesdames, le rôle n'est pas des plus faciles, et l'on ne s'y prépare pas en un jour : il faut toutes les années de la jeunesse, l'influence de l'exemple, une éducation soignée et aussi quelque instruction, afin de pouvoir soutenir une conver-

sation sérieuse, afin d'exercer une influence réelle
dans le cercle de ses relations.

Pourtant, avec du bon sens, de l'intelligence, un
esprit actif, on parvient, comme la grand'mère de
Mme Geoffrin, en mettant toutes ces choses à la
place du savoir, à suppléer, par adresse et avec du
sentiment, à ce qu'on ne sait pas, et nul ne saurait
s'en plaindre.

RÉSUMÉ. — Le salon porte le cachet de la maîtresse de maison.
Qu'il soit en harmonie avec les personnes qu'on y reçoit et avec
la condition de celui qui reçoit.

Ayez moins de luxe que d'élégance.

Aimez qu'on vous trouve plutôt *comme il faut* que riche.

Que le visiteur comprenne à première vue ce qu'il peut se permettre et ce qu'il doit s'interdire.

Les objets d'art offrent un beau sujet de conversation.

Ce qui convient plus particulièrement au boudoir.

La plus charmante ornementation de votre salon consiste dans
les fleurs.

Un seul salon est préférable à plusieurs.

La conversation des femmes.

L'habitude de fuir les femmes est prise.

Aux femmes de relever les mœurs.

Pas de distinction parmi les invités, à moins que ce ne soit pour
une étrangère.

Le bon sens et le sentiment peuvent suppléer au savoir.

CHAPITRE XI

Quelques Perles d'un noble Écrin.

Les hommes fuient les salons pour se réfugier dans les cercles ; la pente est des plus dangereuses pour la société. Empruntons à qui l'a mieux dit que nous ne saurions le faire, les lignes sensées et judicieuses qui suivent.

« En général, écrivait, il y a une quinzaine d'années, une femme du monde, que sa position obligeait à être fort répandue, en général on ne sait absolument rien. On ne peut parler que toilettes, modes, steeple-chase, ou des travers des uns et des autres. Une femme connaît tous les acteurs et tous les chevaux en renom, elle sait par cœur le personnel de l'Opéra et celui des Variétés, le Stud-Book lui est plus familier que l'*Imitation*. L'an passé elle pariait pour *La Touque*(1), cette année pour *Vermouth*; et elle assure que *Bois-Roussel* est plein d'avenir. Le grand Derby la passionne, et le triomphe de *Fille de l'Air* a été pour elle une victoire nationale. Elle nous dira les couturières en renom, le sellier à la mode, le magasin qui fait fureur; elle pèsera le mérite respectif des écuries du comte de H... et du duc de M... Mais, hélas ! Mettez la conversation sur un sujet d'histoire ou de géographie ; parlez du moyen-âge, des croisades, des Institutions de Saint Louis ; comparez Bossuet à Corneille, ou Racine à Fénelon ; prononcez les noms du Camoëns et du Dante, de Royer-Collard, d'Ozanam, de Montalembert, du Père Gratry, la pauvre femme reste muette. *Elle ne peut entretenir que des jeunes femmes, des jeunes gens légers*, incapables de parler, ni d'affaires, ni d'art, ni de politique, ni d'agriculture ou de sciences ; elle ne peut causer ni avec son beau-père, ni avec son curé, ni avec aucun homme sérieux !

(1) Noms des chevaux qui ont remporté le grand prix.

« Et pourtant, c'est le premier talent d'une femme de savoir causer avec tous.

« Si sa belle-mère visite les pauvres et l'école, et veut l'enrôler dans ses pieuses associations, elle n'en comprend ni le but ni la portée ; car la bonté du cœur et la compatissance ne suffisent pas toujours dans les œuvres de charité. Pour acquérir de l'influence, pour donner au bienfait toute sa valeur, toute sa portée morale, il faut une intelligence qui ne s'acquiert que par l'étude et la réflexion attentive. »

Un écrivain des plus judicieux blâme à son tour les hommes qui ne veulent accorder à la femme que ce que lui permet le **héros** de Molière, assurant qu'elle en sait assez,

> . . . . Quand son esprit se hausse
> A connaître un pourpoint d'avec un haut-de-chausse.

« Si l'on était plus indulgent, dit-il, si l'on ne frappait pas de ces stériles anathêmes les femmes qui étudient, celles qui ont le goût de l'étude s'y livreraient sans penser qu'elles font une chose bien extraordinaire, et alors, fussent-elles, même en petit nombre, elles communiqueraient une certaine vie à toute la société ; peut-être le niveau des conversations, des occupations, des idées s'élèverait-il : les

5

grandes choses inspireraient plus d'intérêt, et alors qui pourrait s'en plaindre ? »

« Au lieu de finir leur éducation à jour fixe, et de se jeter tout à coup et éperduement dans le monde, les jeunes femmes conserveraient l'habitude d'une certaine culture intellectuelle, elle continueraient, pour ainsi dire, et perfectionneraient leur éducation toute leur vie, pour elles-mêmes, pour leur mari et leurs enfants. Les unes en cultivant les arts, les autres en écrivant, d'autres en lisant ; toutes enfin sauraient ne pas rester étrangères aux intérêts de la religion et de la société, à ce qui se dit et à ce quis'imprime, aux idées qui circulent : et n'auraient-elles pas ainsi dans leur famille et dans le monde une tout autre et bien plus salutaire influence ?

« Mais, si vous défendez aux femmes de causer des choses qui les intéressent, comment supposer qu'elles auront le courage de travailler pour enfouir éter-nellement leurs connaissances au dedans d'elles-mêmes ?

« Et franchement d'ailleurs, je le répète, on pour-rait relever un peu le niveau des conversations, les tirer de ce cercle si monotone dans lequel elles se meuvent. Au lieu d'aller chercher dans le monde une distraction stérile, et le plus souvent un ennui, si l'on pouvait y établir un commerce, sinon d'âme

et de cœur, au moins d'esprit, remplacer les disser-
tations sur les modes par des causeries intéressantes, où l'on apprendrait quelque chose, d'où l'on
retirerait le profit qui résulte toujours de l'effort fait
en commun pour s'élever vers le sentiment du beau,
vers les nobles pensées et les nobles intérêts, ne
serait-ce pas un vrai progrès ?

« Est-il donc si difficile de faire comprendre et
admettre que le développement intellectuel des
femmes, par l'étude des lettres et des arts, au lieu
d'être un élément étranger à leur vie, un embarras
qui leur crée des besoins en les détournant de leurs
devoirs, leur est, au contraire, d'une utilité journa-
lière dans la famille et dans la société ?

« Dans la famille, dont elles créent en quelque
sorte l'atmosphère morale, où tout peut s'élever et
s'abaisser par leur influence : sentiments, idées, occupations.

« Dans la société, où l'emploi bien dirigé de leur
instruction, substituerait quelque chose de solide à
la frivolité et au creux des réunions de notre
temps.

« N'y a-t-il donc pas pour les femmes de milieu
entre la folie des plaisirs frivoles ou dangereux,
comme les bals et les théâtres, et l'ennui insuppor-

table de ces réunions, où l'on cause à vide pendant les longues heures d'une soirée?

« Je suis convaincu que si les femmes prenaient l'initiative pour donner une direction élevée à ce besoin de distraction que l'on cherche à satisfaire dans le monde, si les hommes avaient d'autres moyens de leur plaire que la fadeur et la frivolité, peut-être les jeunes gens sans valeur se sentiraient-ils un peu moins les maîtres du monde ; peut-être les cercles seraient-ils un peu moins le refuge des hommes qui s'ennuient dans les salons. Et il y aurait un bon nombre de femmes capables de prendre un certain essor, et de s'intéresser à autre chose qu'à des chiffons. Par suite, la femme intelligente et instruite, n'étant pas plus une exception que ne l'est aujourd'hui la femme pianiste, serait moins exposé au péril de l'orgueil que lui fait sa position de phénomène.

« Une femme intelligente, qui aime la société et qui ne danse pas, se trouvait de passage, il y a quelques années, dans une ville de province. Elle eut l'idée de faire de la musique sérieuse. On jouait des quatuors de Mozart et de Beethoven. L'admiration excitée par ces chefs-d'œuvre éleva naturellement les esprits au-dessus du niveau des préoccupations ordinaires qui ont leur écho dans le monde. Les conversations s'en ressentirent, tout le monde en fut charmé, et l'on rapporta quelque chose de ces soirées, où le goût du beau, en se ranimant, éveillait les bonnes pensées et fortifiait les nobles senti-ments. »

Puisque ce chapitre est consacré aux citations, permettez-moi d'ajouter les lignes suivantes extrai-tes d'un ouvrage justement apprécié : les *Sources*, du P. Gratry.

« Vos fêtes !... dit-il, c'est ici qu'il faudrait rom-pre avec les habitudes présentes ! Je nie que les esprits puissent grandir avec l'organisation actuelle du soir. Quand toute journée finit par le plaisir, sa-chez que toute journée est vide.

Beaucoup aujourd'hui cessent toute vie sérieuse à un moment donné pour l'interrompre pendant au moins douze ou quatorze heures. Que devient ce temps? Qu'est-ce que nos conversations du soir, nos réunions, nos jeux, nos spectacles ? Il y a là comme un emporte-pièce de quatorze heures sur la vie véri-table. C'est du repos, dira-t-on ; je le nie : ce qui dis-sipe ne repose pas. Nous ne nous reposons plus aujourd'hui. Après l'agitation du travail, vient l'agi-tation du plaisir ; et après l'une et l'autre, la pros-tration et l'affaissement. On se plonge dans un sté-rile sommeil qui ne repose rien, parce que la vie

trop dissipée n'a plus ni le temps, ni la force de se
retremper dans ses sources.

Faites donc en sorte que l'interruption du travail
soit vraiment le repos. Consacrez vos soirées, que
le repas du soir soit un commerce d'esprit et d'âme,
un effort commun vers le vrai, par quelque facile
étude des sciences, et vers le beau par les arts. »

Résumé. — La conversation des femmes en général est trop
frivole. Elles ne peuvent entretenir que des jeunes femmes et des
jeunes gens légers.

C'est une erreur profonde que de jeter le blâme sur les femmes
qui étudient.

L'éducation d'une femme devrait se continuer toute la vie.

Les femmes ne doivent pas rester étrangères aux intérêts de la
société ; elles pourraient y exercer une bien plus salutaire
influence.

On devrait établir dans le monde un commerce d'esprit, si non
de cœur et d'âme.

L'étude des lettres et des arts ne doit pas être un élément
étranger à la vie de la femme.

Il y a un milieu entre la folie des plaisirs frivoles et l'ennui des
réunions du monde.

Un bon nombre de femmes seraient capables de prendre l'essor.

L'influence de la bonne musique sur les esprits est incontestable.

Que l'interruption du travail soit vraiment un repos.

Consacrez vos soirées.

CHAPITRE XII

Des Visites.

1° COMMENT ON FAIT LES VISITES.

On ne fait pas la révérence en entrant dans un salon, on se dirige vers la maîtresse de maison que l'on salue; on salue ensuite chaque personne que l'on connaît, et enfin, on fait un seul salut pour toutes les personnes que l'on ne connaît pas.

Les premières places, celles qui se trouvent auprès de la maîtresse de maison, sont les places d'honneur; ne les prenez que lorsqu'elles vous sont désignées. Les fauteuils sont offerts de préférence aux dames, aux messieurs âgés ou aux supérieurs.

La conversation étant la pierre de touche de l'esprit, exige du savoir et un savoir varié ; donc ne parle pas bien qui veut. Il faut pour bien causer, avoir l'expérience des hommes et des choses. Il faut aussi le jugement qui dicte ce qu'il convient de dire ou de taire pour que votre conversation soit en harmonie parfaite avec vos interlocuteurs. C'est un point à développer, nous le ferons plus loin en consacrant un chapitre spécial à la conversation

Si vous êtes placés auprès de la maîtresse de maison, cédez votre place à la personne qui se présentera après vous. Si cette personne est bien élevée, elle ne l'acceptera pas, à moins qu'elle ne soit plus âgée ; elle insistera, au contraire, pour que vous gardiez votre place.

Il est convenable de se retirer peu après que d'autres visiteurs sont entrés dans le salon, afin de laisser aux nouveaux arrivants la liberté de causer avec la maîtresse de maison sur le sujet qui les amène.

En général, les visites ne doivent pas être longues, à moins que ce ne soit entre amis intimes.

Vous sortez du salon comme vous y êtes entrés, en saluant d'abord la maîtresse de maison, puis chaque personne que vous connaissez, et enfin toutes celles que vous ne connaissez pas.

Aujourd'hui, ainsi que nous l'avons dit plus haut, on ne fait plus de révérence, mais un simple salut. Le serrement de main, le *shakehand* anglais, a pris racine dans nos mœurs, mais entre amis seulement, cela va sans dire. Les jeunes filles, elles, doivent être sobres de cet usage anglais, elles ne donneront la main qu'à leurs amies, et répondront lorsqu'une amie de leur mère leur tendra la sienne, mais elles ne prendront pas l'initiative. Le jeune homme, de son côté, sera très circonspect sous ce rapport, et, s'il ne veut pas éprouver quelquefois le désagrément d'un refus, il évitera de donner la main à d'autres qu'à ses camarades et aux amis de son père. Là, encore, c'est le tact qui doit guider.

Vous quitterez le salon aussitôt que vous serez levés; vous n'irez pas, comme le font certaines personnes sans usage, entamer un nouveau sujet de conversation après vous être levés pour sortir, et tenir debout la maîtresse de maison jusqu'à ce qu'il vous plaise enfin de vous retirer.

Qui que vous soyez, lorsqu'il y a d'autres personnes dans le salon, ne souffrez pas que la maîtresse de maison quitte ses autres visiteurs pour vous accompagner au-delà de la porte de son salon, ce que d'ailleurs elle ne doit pas faire.

Si l'on vous reçoit dans une chambre à coucher, ce

qui n'est permis qu'avec des parents ou des amis intimes, et que l'on vous invite, vous, jeunes gens, à quitter votre canne, votre chapeau, n'allez jamais vous aviser de rien poser sur le lit, ce qui serait très inconvenant, ni même sur aucun meuble; gardez ces objets à la main, ou déposez-les dans l'antichambre.

Ayez le tact de sentir si votre visite est inopportune. Il y a bien des petits moyens pour apprécier cela :

Si vous voyez la maîtresse de maison regarder la pendule ou tisonner le feu, chercher sur un meuble, avoir un air distrait, retirez-vous; car le suprême de l'art, dans ces circonstances, est de savoir se retirer à propos.

Si vous voyez, en entrant, que la maîtresse de maison se dispose à sortir, ne restez sous aucun prétexte, et quoi que l'on fasse pour vous retenir.

Il y a des visites indispensables, ce sont : 1º celles du jour de l'an; 2º les visites, si mal nommées, de digestion; 3º les visites que l'on doit rendre après une invitation, qu'on l'ait ou non acceptée; 4º enfin celles qui sont motivées par un événement important, heureux ou triste, comme une mort, un mariage, une naissance, un revers de fortune, une nomination, etc.

Si vous vous dispensiez de faire ces visites d'obligation, vous rompriez avec la société dont elles sont le lien.

D'ailleurs, si vous n'habitez pas Paris, vous vous accommoderez aux usages reçus dans la localité où vous résidez.

Le temps des visites est marqué ordinairement entre le déjeuner et le dîner (1). Évitez de vous présenter aux heures du repas et à celles du travail. Ne vous présentez pas en nombre, c'est souvent une gêne pour qui vous reçoit.

Surtout n'entrez jamais dans un salon sans vous y faire annoncer. S'il n'y avait pas de domestique pour le faire, frappez à la porte et attendez que l'on vienne vous ouvrir. Il est plus poli de la part de la maîtresse de maison d'aller à votre rencontre, que de se contenter de vous dire d'entrer.

Si vous ne trouvez personne, remettez votre carte pliée par un coin, afin d'indiquer que vous êtes venus vous-mêmes.

(1) C'est-à-dire entre deux et cinq heures.

Des Visites (suite).

2º COMMENT ON LES REÇOIT.

La maîtresse de maison offre la place d'honneur, celle qui est le plus près d'elle, aux personnes les plus considérables.

Elle doit prendre un air très gracieux, aller à l'occasion recevoir le visiteur à la porte, approcher elle-même le siège qu'elle lui destine.

Dans les visites de cérémonie, une maîtresse de maison manquerait à l'étiquette si elle aidait une dame à ôter ou à remettre son chapeau ou son manteau ; et si elle avait la maladresse de le faire pour une, il faudrait qu'elle le fît pour toutes.

Ne jamais laisser ses visiteurs seuls.

Bien recevoir un visiteur, c'est faire en sorte qu'en se retirant il soit content de lui et de vous.

Si un visiteur est seul, la maîtresse de maison l'accompagnera jusqu'à la porte.

Lorsqu'un visiteur est entré dans le salon avec sa canne et son chapeau à la main, la maîtresse de

maison l'invitera à les déposer, mais ne les lui en-
lèvera pas elle-même.

Si l'on n'a pas de salon, et qu'on reçoive dans une
chambre à coucher, on ne peut recevoir que des
amis.

Une femme comme il faut ne reçoit jamais la visite d'un homme dans sa chambre à coucher.

Si le visiteur était importun, ne pas montrer de
contrariété, mais trouver un prétexte convenable
pour s'en débarrasser.

Une maîtresse de maison fait une impolitesse, si,
quand elle reçoit une visite, elle regarde la pendule,
cherche sur un meuble, fait tourner ses pouces, at-
tise le feu avec les pincettes.

En fait de visites de cérémonies, les plus courtes
sont les meilleures.

La personne qui reçoit une visite doit quitter tout
travail, soit broderie, soit écriture, etc., et ne le reprendre sous aucun prétexte, à moins que le visiteur
ne soit un parent ou un ami intime.

Entrons maintenant dans quelques détails sur les
différentes visites que vous aurez à rendre.

RÉSUMÉ. — Une visite reçue doit être rendue dans tous les cas
possibles.

En entrant dans le salon, on s'avance vers la maîtresse de
maison et ou la salue.

Ne pas prendre les premières places.

On ne s'assied auprès de la maîtresse de maison que lorsqu'on y est invité.

Écouter avec attention la conversation .

La conversation exige du savoir et des connaissances multiples.

Une personne placée auprès de la maîtresse de maison cède sa place au nouvel arrivant.

Se retirer à temps.

Les visites doivent être courtes.

Les visites forment, dans la société, un lien qu'on ne peut rompre qu'on rompant avec elle.

Un jeune homme ne donne la main qu'à un ami, une jeune fille qu'à une amie.

Dans les administrations, un inférieur ne peut exiger que son supérieur lui rende une visite.

Quitter le salon aussitôt qu'on est levé pour sortir.

La maîtresse de maison n'accompagne ses visiteurs que jusqu'à la porte du salon.

Si l'on vous reçoit dans une chambre à coucher, ne rien déposer sur le lit.

Retirez-vous dès que vous pensez que votre visite est importune.

Faites vos visites en temps opportun. Faites-vous toujours annoncer.

Si vous ne trouvez personne, remettez votre carte pliée.

On doit quitter tout travail quand on reçoit une visite.

La maîtresse de maison ne doit pas aider une visiteuse à se débarrasser de son chapeau ou de son manteau.

Ne pas montrer de contrariété, si l'on reçoit une visite inopportune.

CHAPITRE XIII

Visites de cérémonie ou d'apparat.

SOMMAIRE. — Quelles sont les visites de cérémonie. — Tenue et physionomie en rapport avec les circonstances. — Durée de ces visites. — Attitude. — Rôle des enfants de la maison pendant une visite reçue.

Les visites de cérémonie ou d'apparat sont celles que l'on fait : 1º à ses supérieurs ; 2º celles du jour de l'an ; 3º les visites dites de digestion ou après avoir reçu une invitation quelconque ; 4º les visites en réponse à une lettre de faire part.

Ces visites exigent d'abord une tenue irréprochable et conforme à la circonstance qui les motive. D'abord, pas de toilette brillante pour les dames, on réserve ces toilettes pour les soirées. La toilette d'une jeune personne doit toujours être simple ; que le bon goût y préside, et que les bonnes manières prêtent tout leur charme à la jeune visiteuse.

Que votre physionomie soit en rapport avec votre toilette. Si vous allez complimenter quelqu'un, le féliciter ou le remercier de son aimable invitation, soyez gais et d'humeur enjouée. Montrez, par là, que vous participez à la joie de qui vous reçoit, et modelez votre figure sur la figure de votre hôte.

Si vous faites une visite de deuil, évitez les vêtements trop recherchés et de couleur claire, prenez des habits sombres, et pleurez avec ceux qui pleurent, vous les consolerez.

Pour les naissances, les mariages, il faut avoir le tact de saisir si la famille est satisfaite de l'événement, et vous mettre à leur diapason.

Tout cela n'est pas de l'hypocrisie, c'est du tact c'est de l'esprit, c'est de la bonté.

Les visites de cérémonie sont fort courtes, ne les prolongez pas au-delà d'un quart-d'heure à vingt minutes, à moins que l'on n'insiste. Dans ce cas, ne restez pas plus de cinq à dix minutes encore.

Une dame ne se lève pas quand un homme entre dans le salon; mais si c'est une femme, et surtout une femme plus âgée qu'elle, elle doit se lever et céder la place d'honneur, si elle l'occupe.

L'étiquette veut que dans le salon d'un prince, hommes et femmes se lèvent, s'il entre quelqu'un de la famille du prince.

Que vous ayez accepté ou non une invitation, vous devez une visite à la maîtresse de la maison, avant que huit jours se soient écoulés.

Pour une circonstance heureuse ou malheureuse, votre empressement témoignera de la part que vous prenez à l'événement qui vous amène.

Les visites du jour de l'an doivent se rendre dès la veille aux supérieurs; le jour même aux proches parents; dans les premiers huit jours, à la famille et aux amis; pour les simples connaissances, on a tout le mois.

Le jeune homme ou la jeune fille qui sont avec leur mère au salon où elle reçoit des visites, doivent l'aider en s'empressant d'offrir des sièges, en débarrassant les visiteurs des petits objets qui pourraient les gêner, et en tenant compagnie aux nouveaux visiteurs, pendant que leur mère accompagne ceux qui la quittent.

RÉSUMÉ. — Dans les diverses visites de cérémonie, la toilette et la physionomie doivent être conformes à la circonstance.

Pleurez avec ceux qui pleurent, réjouissez-vous avec les heureux.

Les visites de cérémonie doivent être fort courtes.

Les dames ne se lèvent que lorsqu'une dame entre dans le salon; non, quand c'est un homme.

Dans le salon d'un prince, hommes et femmes se lèvent à l'entrée d'une personne de la famille du prince.

Toute invitation, acceptée ou non, exige une visite de remercie-ment.

L'empressement à rendre une visite témoigne de la participation que l'on prend à la circonstance qui fait l'objet de la visite.

Il faut rendre les visites en temps opportun.

Le jeune homme ou la jeune fille doivent aider leur mère à re-cevoir ses visiteurs.

CHAPITRE XIV

Visites d'amitié

SOMMAIRE. — Quand et comment on peut faire ces sortes de visites.

Ces visites n'ont pas d'heure déterminée ; elles peuvent se faire même le matin et sans aucune toilette. Si, au contraire, on était en toilette, il serait bon d'en dire le motif.

Mais si vous pouvez vous présenter à toute heure chez votre ami, vous devez, par cela même, lui laisser toute sa liberté d'action et ne pas trouver mauvais qu'il s'éloigne ou s'absente au moment même où vous entrez ou pendant le temps que vous êtes chez lui, ne souffrez également pas qu'il néglige les soins à donner à quelqu'affaire pressente parce que vous êtes là. Au contraire, votre devoir est de lui venir en aide, s'il y a lieu.

Qui dit ami dit *alter ego*. Votre ami est donc un

autre vous-même. Vous pouvez facilement défendre
votre porte aux étrangers, aux importuns, aux sol-
liciteurs de tous genres, vous pouvez même ne pas
toujours l'ouvrir à ceux dont vous dépendez; mais
jamais elle ne doit être fermée à votre ami. De son
côté, il évitera tout ce qui peut vous gêner, il ne se
présentera point à l'heure des repas et dans d'autres
instants où il craindrait d'être importun. En tous
cas, son affection pour vous, son tact, sa délicatesse
sauront toujours lui dicter le temps qu'il peut vous
donner sans cesser de vous être agréable.

RÉSUMÉ. — Pas de règles fixes. Pas de toilette, s'excuser au contraire si l'on est en toilette, dire la raison qui a motivé cette tenue.
Toutes les heures sont permises.

CHAPITRE XV

Visites aux pauvres, aux infirmes.

SOMMAIRE. — Le but qu'on doit s'y proposer. — Le cœur et la bourse. — Les travailleurs, les malades et les infirmes.

Ces sortes de visites sont dictées surtout par le cœur. Il vous conduit chez ceux qui souffrent ou qui sont dans le besoin. Vous allez les voir pour les soulager ou pour les consoler; vous obéissez en cela aux lois de la plus vive charité.

Surtout là, chers lecteurs, jamais de toilette tapageuse, ce qui serait peu en harmonie avec la misère qui vous environne. Que votre visite soit non seulement un bienfait, mais une réjouissance, un rayonnement dans la demeure du pauvre. Que ce ne soit pas seulement la bourse qui s'ouvre en présence du malheureux, mais aussi votre bon, votre généreux cœur et votre esprit délicat.

Si le pauvre que vous visitez est un travailleur, choisissez les heures où il peut vous recevoir sans nuire à ses occupations. Si, au contraire, il est, pour une infirmité quelconque, condamné à rester chez lui, songez que votre visite est une de ses récréations.

C'est dans ces visites que la délicatesse trouve le mieux à s'exercer. Visiter les pauvres, leur porter soi-même son offrande, c'est leur prouver qu'on n'a pas égard seulement à leurs souffrances, aux cris de la faim et du froid ; la démarche que vous faites a, en effet, un but plus noble : elle prend l'homme par en haut, elle joint au pain qui nourrit, la visite qui console, le conseil qui éclaire, le serrement de main qui relève le courage abattu.

Alors l'assistance devient honorable parce qu'elle peut devenir mutuelle ; parce que tout homme qui donne une parole, un avis, une consolation aujourd'hui, peut avoir besoin d'une parole, d'un avis, d'une consolation demain ; parce que la main que vous serrez, serre la votre à son tour ; parce que cette famille indigente que vous avez aimée vous aimera.

Ceux qui savent le chemin de la maison du pauvre, ceux qui ont balayé la poussière de son escalier, ceux-là ne frappent jamais à sa porte sans un sentiment de respect. Ils savent qu'en recevant d'eux le pain, comme il reçoit de Dieu la lumière, l'indigent les honore; ils savent que l'on peut payer l'entrée des théâtres et des fêtes publiques, mais que rien ne payera jamais des larmes de joie dans les yeux d'une pauvre mère, ni le serrement de main d'un honnête homme qu'on met en mesure d'attendre le retour du travail.

Donnez! ce plaisir pur, ineffable, céleste,
Est le plus beau de tous, le seul dont il nous reste
Un charme consolant que rien ne doit flétrir;
L'âme trouve en lui seul la paix et l'espérance.
Donnez! il est si doux de rêver en silence
  Aux larmes qu'on a pu tarir!

Donnez ! il vient un jour où la gloire nous laisse.
Vos aumônes là-haut, vous font une richesse.
Donnez! afin qu'on dise: « Il a pitié de nous! »
Afin que l'indigent que glacent les tempêtes,
Que le pauvre qui souffre à côté de vos fêtes,
  Au seuil de vos palais fixe un œil moins jaloux.

Donnez! et quand viendra cette heure où la pensée
Sous le vent de la mort languit tout oppressée,
Le frisson de vos cœurs sera moins douloureux;
Et quand vous paraîtrez devant le juge austère,
Vous direz : J'ai connu la pitié sur la terre,
  Je puis la demander aux cieux ! »

         V. HUGO.

Si vous faites une lecture, ou que vous prêtiez des livres, faites un choix convenable et selon le desti-

nataire. Il y a des récits de voyages qui intéressent
grands et petits. Les sciences, aujourd'hui vulga-
risées, nous offrent des lectures aussi agréables
qu'instructives. Il n'y a pas de lecture indifférente :
tout livre nous enlève ou nous apporte quelque
chose. Il faut que cette lecture, ne versât-elle qu'une
goutte au fond du cœur et de l'intelligence du lecteur, soit un bienfait, que cette goutte soit pour le
cœur |souffrant la goutte rafraîchissante de rosée,
le baume qui calme la douleur et la fait supporter.

Les lectures malsaines versent leur poison dans
l'âme et :

> La mer y passerait sans laver sa blessure.

RÉSUMÉ. — Dans les visites aux pauvres, aux malades, suivez
l'impulsion du cœur.

Surtout pas de toilette, elle siérait mal en présence de la misère.

Si vous visitez des travailleurs, choisissez l'heure où vous ne les
dérangerez pas.

Prolongez les visites aux infirmes.

Donnez de bons conseils.

Ne prêtez ou ne donnez que des livres dont la lecture soit un
bienfait.

La visite aux |pauvres honore celui qui la fait autant que celui
qui la reçoit.

Poésie.

CHAPITRE XVI

Des Repas.

Lorsque vous serez invités à dîner par une lettre
d'invitation, répondez immédiatement que vous acceptez ou que vous n'acceptez pas. Dès que vous
avez accepté, rappelez-vous que si l'exactitude est
la politesse des rois, elle est pour les convives un
impérieux devoir. N'arrivez chez l'amphitryon ni
trop tôt, ce qui peut gêner la maîtresse de maison,
ni trop tard; quelque bonnes que soient vos raisons,
elles seront mal accueillies : quelques minutes se
tolèrent, un quart d'heure au plus.

Quand le domestique vient annoncer que le dîner
est servi, tout le monde se lève, les messieurs of-

6

front le bras aux dames. La maîtresse de maison a
le premier rang ; le maître de la maison, au contraire, suit ses convives. Les jeunes gens laissent
passer avant eux les personnes plus âgées. S'il
y a plus de dames que de messieurs, les dames
entrent tout simplement après les groupes.

On salue la dame que l'on accompagne et l'on se
met à table en échangeant quelques paroles de
politesse.

Les places d'honneur sont aux maîtres de la maison, qui font placer à leurs côtés, soit les personnes
les plus âgées, soit les personnes les plus considérables, ou celles pour lesquelles le dîner est principa-
lement offert. Les jeunes gens se placent ordinairement aux bouts de la table. Généralement les places
que l'on doit occuper sont désignées par le nom de
la personne écrit sur une carte posée sur la serviette,
ou bien les maîtres de la maison les indiquent.

Il va sans dire que vous vous tiendrez bien, pas
de coudes sur la table, ni de jambes étendues sous
la table ; on ne s'appuie pas sur le dossier de sa
chaise ; on pose ordinairement les mains sur la
table jusqu'au poignet ; on ne s'assied ni trop près,
ni trop loin de la table.

Posez votre serviette, non entièrement dépliée,
sur vos genoux, sans en passer le coin dans votre

boutonnière ni l'attacher par une épingle à votre corsage. A table, les messieurs doivent être très prévenants pour les dames placées près d'eux. Lorsqu'une jeune personne se trouve près d'une dame âgée, elle doit également se montrer empressée et aimable à son égard.

Il est inutile, je pense, de vous recommander de ne jamais manger votre potage en prenant la cuiller d'une main et la fourchette de l'autre, c'est le fait d'un charretier.

Qu'on n'entende pendant le repas aucun bruit de lèvres, de mastication ni de déglutition, c'est de la dernière inconvenance ; on ne doit vous entendre ni boire ni manger.

Si votre potage est trop chaud, attendez qu'il soit refroidi pour le manger, mais ne le soufflez pas. Laissez la cuiller dans l'assiette, pour que l'une s'enlève avec l'autre ; pour la fourchette, au contraire, vous la posez à côté de l'assiette quand vous avez fini, à moins que ce ne soit dans une grande maison où l'on change à chaque plat de couteau et de fourchette.

Ne mordez ni ne coupez votre pain ; rompez-le par petits morceaux à mesure que vous en avez besoin.

La viande se coupe également à mesure qu'on la

mange : on prend sa fourchette de la main gauche, on coupe de la main droite, et l'on conserve, pour manger, la fourchette à la main gauche.

Il serait très inconvenant de flairer la viande qui vous est servie, d'essuyer, avant de commencer, votre verre ou votre couvert.

Dois-je vous dire qu'on ne jette pas les os sous la table, qu'il faut les mettre sur le bord de l'assiette ? Il n'y a que les paysans sans éducation qui fassent cela. S'il vous arrivait de trouver quelque chose de répugnant dans votre assiette, comme une chenille ou un cheveu, gardez-vous bien d'en rien dire à votre voisin, mais passez aussitôt l'assiette au domestique.

Trouvez toujours bon ce que l'on vous offre. Si la maîtresse de maison vous sert elle-même, gardez-vous de passer votre assiette à votre voisin, restez servi.

Il serait bon que les jeunes gens pussent au besoin découper un rôti : c'est une attention dont on leur saura gré dans les maisons où il n'y a pas de maître d'hôtel, ce qui d'ailleurs est assez rare ; mais ne relevez pas vos manches pour faire ce travail.

Ne demandez pas du Champagne, du Bordeaux; mais du vin de Champagne, du vin de Bordeaux.

Demandez du bœuf et non du bouilli ; du poulet,

du dindo, et non de la volaille : c'est un terme de basse-cour.

Vous ne pouvez vous servir de vos doigts que pour manger des asperges, des artichauts, de la pâtisserie, des fruits, mais non pour la salade ni pour les os.

N'essuyez pas la sauce de votre assiette avec du pain : fi donc !

Surtout ne faites pas de petites boules de pain roulées dans vos doigts.

Gardez-vous bien aussi d'appeler le domestique *garçon*, comme au restaurant ; appelez-le par son nom, ou faites-lui signe, ce qui est préférable.

Quoiqu'on parle à voix basse à table, il ne faut pas que ce que vous dites soit de nature à ne pouvoir être entendu par une oreille délicate.

Au dessert, ne vous permettez jamais de rien mettre dans votre poche, sous aucun prétexte, fussiez-vous pauvre comme cet officier dont je vous raconterai l'histoire à la fin de ce chapitre.

Vous savez qu'on ne trinque plus, c'est démodé ; maintenant on porte des toasts. Pour cela, vous attendez que le signal soit donné, et dans ce cas, surtout lorsque le toast est porté pour le maître ou la maîtresse de la maison, videz entièrement votre verre.

6.

Acceptez le partage d'un fruit, mais ne l'offrez jamais ; à moins que les fruits ne soient très gros et qu'il n'y en ait pas un pour chaque personne. Dans ce cas, on offre le plus gros quartier auquel on a soin de laisser la queue.

S'il vous arrivait certains accidents, le hoquet, par exemple, éclipsez-vous un moment, et ne revenez à table que quand il est passé.

Essuyez-vous les lèvres avant de boire, rien n'est plus vilain que de graisser son verre avec sa bouche.

Ne gesticulez pas, ne parlez pas trop haut; au dessert, l'animation est permise, mais que le bon ton y préside toujours.

Ne quittez la table que lorsque le maître ou la maîtresse de la maison en auront donné le signal. Alors, vous posez votre serviette, sans la plier, sur la table; ne vous trompez pas en la posant sur le dossier de votre chaise, ou en la pliant comme ferait un pensionnaire qui doit la reprendre le lendemain.

Les messieurs offrent le bras aux dames pour les conduire dans le salon, mais sans distinction : ils s'adressent à celles qui se trouvent le plus près d'eux.

L'habitude est maintenant de servir le café au salon. Si le café est brûlant, attendez pour le prendre, mais n'allez pas, comme ces gens sans usage, le verser par petites doses dans votre soucoupe pour le faire refroidir.

Autrefois, on priait les convives de chanter après le dîner; maintenant, c'est dans la soirée qui suit le dîner que les convives sont invités à se mettre au piano pour exécuter un morceau ou pour chanter.

Pour cela ne vous faites jamais prier; faites-le de bonne grâce ou ne le faites pas; mais ne le faites pas surtout après des instances réitérées. Dès que vous avez refusé, tenez bon; autrement vous seriez ridicules.

Une dernière recommandation, c'est de vous mettre au diapason des autres convives.

Brillat-Savarin, dans son livre de la *Physiologie du goût*, donne le menu d'un dîner pour les fortunes différentes : ceci et cela pour ceux qui ont vingt-cinq mille livres de rente, autre chose pour ceux qui en ont cent mille.

Eh bien! faites de même dans le monde, où vous rencontrez des situations, des mœurs, des goûts si différents; ne cherchez pas à vous montrer plus raffiné que les uns, ni plus haut que les autres; faites comme eux, quel que soit le ton de la société où vous vous trouvez. Ce qui convient dans un brillant hôtel du faubourg Saint-Germain, ne convient plus chez le modeste employé, ou dans la ferme, ou à la fête du

village. Il faut, quand on a du savoir-vivre, se mettre
à l'unisson des autres ; autrement vous les intimide-
riez, et c'est vous qui seriez le plus impoli.

Je vous l'ai dit, pour être vraiment poli, il faut de
l'esprit et du cœur.

J'arrive maintenant à l'anecdote promise.

Le grand Condé réunissait souvent à sa table les
officiers qui l'avaient servi à la guerre. Un jour, l'un
d'eux, qui paraissait très pauvre, avait été remarqué
par un des autres convives pendant qu'il glissait quelque chose dans sa poche ; au moment où on allait se
lever de table, un des serviteurs du prince vint lui
annoncer qu'un couvert d'argent avait disparu. Un
des assistants propose de fouiller tout le monde, en
commençant par lui, et il retourne ses poches ; mais
l'officier déclare qu'il ne le souffrira pas, considérant un tel acte comme déshonorant, et puis, pour
une autre raison, qu'il ne veut pas donner.

— Cette raison se devine, lui dit insolemment l'auteur de la proposition.

— Vous soupçonnez ma probité, monsieur? dit l'officier; ah! vous êtes loin de deviner !... et de grosses
larmes s'échappèrent de ses yeux.

Le prince touché s'écria que c'était une misère, et
qu'il n'en fallait plus parler. Mais l'officier le supplia
de lui accorder quelques instants d'entretien parti-

culier, et, une fois dans le cabinet du prince, il se jeta à ses genoux, et lui dit en pleurant : « Monseigneur, j'ai une femme et quatre enfants que j'ai bien de la peine à nourrir; eh bien, j'ai voulu qu'ils participassent au bon dîner que je viens de faire, et j'ai mis dans ma poche le paquet que voici. » Il l'ouvrit pour montrer au prince une carcasse de poulet soigneusement enveloppée. « Maintenant, Monseigneur, ajouta-t-il, vous pouvez me faire fouiller, mais devant vous seulement. Je ne le souffrirai pas devant d'autres, pour l'honneur de l'épaulette, que vous-même m'avez donnée. » Et, ce disant, il retourna ses poches.

Le prince rentra dans la salle à manger, conduisant par la main le brave officier, et, s'adressant aux convives : « Messieurs, dit-il, j'espère que vous voudrez bien m'accepter pour caution de l'honneur et de la loyauté de monsieur, qui désormais est mon ami et mon commensal; car, dès demain, son couvert sera toujours mis à ma table. »

Le grand Condé passait pour être, dans la vie privée, l'homme le plus simple et le plus poli qu'il y eût en France; ce trait le prouve.

Les mœurs changent avec le temps.

Dans ce siècle de Louis XIV, où la politesse française était tant vantée, on n'en était pas encore où nous en sommes aujourd'hui. Le duc et la duchesse de Chaulnes servaient leurs convives avec la même cuiller qui leur avait servi à manger leur soupe.

Madame la maréchale de Luxembourg prenait en grande aversion les malavisés qui mangeaient des primeurs coûtant fort cher; elle ne pouvait pas souffrir les indiscrets qui retournaient à un plat dont le prix était un peu élevé.

Ordinairement on passe la soirée chez l'amphitryon; néanmoins si des affaires pressantes vous obligeaient à vous retirer, la politesse exige que vous restiez dans le salon une heure au moins après le dîner.

RÉSUMÉ. — On doit répondre immédiatement à une lettre d'invitation, que l'on accepte ou que l'on n'accepte pas.

L'exactitude est un impérieux devoir. Il ne faut arriver ni trop tôt, ni trop tard. Il n'y a que les gens mal élevés qui se font attendre.

Ne présentez jamais personne dans une maison à l'heure des repas, et ne vous y présentez pas vous-même, à moins d'une invitation formelle.

Pour se rendre dans la salle à manger, les messieurs offrent le bras aux dames.

Ne vous mettez à table qu'à la place indiquée; tenez-vous convenablement; dépliez votre serviette sur vos genoux; pas de bruit des lèvres; ne jamais manger la cuiller d'une main et la fourchette de l'autre; ne pas mordre ni couper son pain; couper la viande à mesure qu'on la mange; ne pas flairer les mets; ne pas jeter les os; trouver bon ce que l'on vous sert ; ne vous servir de vos doigts que dans les cas indiqués dans le texte ; pas de sauce essuyée avec le pain ; pas de boulettes de pain jetées ; ne pas appeler le domestique, garçon ; parler à demi-voix, à moins que la conversation ne soit générale. On ne trinque plus.

On n'offre pas le partage d'un fruit, mais on l'accepte.

Essuyer sa bouche avant de boire.

Ne pas gesticuler.

Ne quitter la table que lorsque le signal est donné.

Ne versez pas votre café par petites doses dans la soucoupe.

Ne vous faites pas prier pour vous mettre au piano.

Mettez-vous au même diapason que les autres invités.

Un convive du grand Condé.

Les mœurs changent avec le temps.

Passez la soirée chez l'amphytrion, à moins qu'une nécessité absolue ne vous oblige à vous retirer plus tôt.

CHAPITRE XVII

Des simples Soirées.

SOMMAIRE. — Les toilettes. — La salutation. — Les jeux de cartes. — Les petits jeux. — Les gages. — Les charades. — La musique.

Pour les simples soirées, les dames, et les jeunes filles surtout, éviteront une mise exagérée; elles prendront un terme moyen, afin de ne montrer ni trop de recherche, ni négligence dans leur toilette.

Vous saluez en entrant dans le salon, puis vous vous dirigez vers les maîtres de la maison. Le salut est important, c'est la pierre de touche du bon ton. Les jeunes personnes doivent s'efforcer de prendre une contenance aisée ; un excès de timidité pourrait leur nuire, en leur donnant une nuance de gaucherie. Qu'elles n'aient pas non plus un air trop assuré, leur intérêt s'y trouve engagé ; qu'elles s'étudient donc à prendre la limite de ces deux extrêmes.

7

Après avoir salué la maîtresse, puis le maître de la maison, on salue toutes les personnes que l'on connaît.

S'il vous arrivait de faire quelques avances qui ne fussent pas accueillies, reprenez une contenance réservée, sans vous permettre jamais la moindre impolitesse.

Si l'on joue aux cartes, que les jeunes personnes s'en abstiennent autant que possible, à moins qu'il ne s'agisse d'un jeu peu important.

Les jeunes gens accepteront de jouer avec des dames âgées, en les priant de régler le jeu : ils accepteront leurs offres. A la fin de chaque partie, le jeune homme ramasse les cartes pour les présenter à la dame qui doit les donner.

Perdez gaiement, gagnez modérément, pas d'humeur, pas trop d'ardeur non plus : cela vous donnerait le renom de mauvais joueur, et ce n'est pas ainsi que vous feriez votre chemin dans le monde.

Mais, autant que possible, fuyez le jeu ! Il est très permis de s'en excuser en disant qu'on ne joue jamais. Le jeu vous expose à perdre quelquefois des sommes relativement considérables. Préférez aux salons où l'on joue, ceux où l'on cause, où l'on fait de la musique.

Mais quand vous jouez, faites-le convenablement.

Ne comptez jamais l'argent que vous gagnez; n'en mettez pas dans votre poche pendant le temps du jeu, surtout celui que vous avez gagné.

Si vous perdez, il serait ridicule de prendre un air boudeur avec celui qui vous a gagné. Vous devez sacrifier d'avance votre enjeu, et jouer pour vous amuser.

Le duc de Bourgogne jouait un jour tête à tête avec un de ses gouverneurs. Il y eut un coup douteux : le duc de Bourgogne soutenait avec chaleur qu'il avait gagné; le gouverneur soutenait la même chose; et, pour éprouver le prince, il affectait autant d'ardeur et d'obstination que lui.

Vous croyez avoir raison, lui disait-il, et moi aussi, qui cédera?...

— Ce sera vous, répondit le duc de Bourgogne, d'un ton altéré par la mauvaise humeur; puis reprenant aussitôt un air calme il ajouta : parce que vous êtes le plus raisonnable.

Les joueurs doivent être entièrement à leur jeu et n'avoir aucune conversation avec les assistants.

Ceux-ci doivent s'abstenir de toute réflexion, de tout conseil pouvant influencer un des parteners.

Le gagnant ne doit pas quitter le jeu sans offrir une revanche à celui qui a perdu la partie.

Pour les dettes de jeu, elles doivent être acquittées dans les vingt-quatre heures. Il serait donc de la plus haute imprudence de jouer plus qu'on ne veut perdre.

Une jeune personne ne doit pas entrer dans le salon des joueurs.

Quant à ce que l'on appelle petits jeux, ils sont moins répandus aujourd'hui qu'ils ne l'étaient autrefois : ce divertissement demande beaucoup de tact et de délicatesse.

D'abord, ne vous posez pas en directeurs des jeux, et n'imposez jamais votre goût, à moins qu'on ne vous en prie, ce qui peut arriver dans certaines réunions où personne ne veut se mettre en avant; autrement, acceptez les propositions qui vous sont faites.

Si l'on donne des gages, évitez de donner des prescriptions désagréables ou trop difficiles, vous transformeriez le jeu en une véritable peine; soyez dans ce cas, aussi réservés pour prescrire, que vous mettrez de convenance à accomplir ce qui vous sera ordonné.

Pas d'allusions blessantes, ni de plaisanteries personnelles ; les plaisanteries permises doivent toujours être aimables et spirituelles.

Evitez, si l'on donne certains noms de convention, noms de fleurs ou de personnages historiques, de faire aucun rapprochement qui puisse blesser une per-

sonne peu favorisée de la nature ; par exemple, le
nom d'Ésope à un bossu.

En un mot, même en jouant, soyez aimables et
bienveillants, et n'exposez jamais personne à entendre rien de désobligeant à son adresse.

Si vous acceptez un rôle dans une charade ou une
comédie de salon, apportez-y beaucoup d'attention ;
si vous y avez des succès, beaucoup de modestie.
Mettez à ces sortes de divertissements toute la grâce
et la vivacité dont vous êtes capables ; mais en cela,
comme dans toutes les relations de société, pensez
aux autres, et oubliez-vous vous mêmes : c'est l'unique moyen de plaire à tous et en toutes choses.

Si vous allez au concert, ne battez pas la mesure
avec le pied, vous auriez l'air d'un paysan ; gardez
le plus profond silence pendant l'exécution de chaque morceau.

Soyez sobres d'applaudissements.

Si dans un salon, on vous invite à jouer un morceau ou à chanter, n'acceptez que si vous êtes à
même, je ne dis pas de vous faire admirer, mais de
faire plaisir. N'imposez pas aux auditeurs la peine
d'entendre quelque chose de trop imparfait. Si la
harpe de David avait le pouvoir de calmer les fureurs
de Saül, on n'en saurait dire autant de tous les
pianos de nos jours.

Cependant une petite bluette simplement exécutée, mais avec goût, une simple romance chantée avec sentiment peuvent faire réellement plaisir. Ne vous lancez pas dans des morceaux d'une exécution difficile, si vous n'êtes point artistes.

Je vous le répète, ne vous faites pas prier, ou si vous refusez une fois ne consentez pas ensuite.

RÉSUMÉ. — Les grandes toilettes ne conviennent pas aux simples soirées.

Saluer en entrant dans le salon, puis aller saluer la maîtresse, puis le maître de la maison.

Les jeunes filles doivent se tenir sur les limites : ni trop de timidité, ni trop de hardiesse. Elles doivent, autant que possible, s'abstenir du jeu.

Perdez gaiement, gagnez modérément.

Que les assistants s'abstiennent de réflexions.

Le gagnant doit offrir sa revanche au perdant.

Les dettes de jeu doivent s'acquitter dans les 24 heures.

Dans les petits jeux, ne pas imposer de gages trop difficiles ; ces sortes de jeux exigent beaucoup de délicatesse.

Au concert, ne battez pas la mesure avec le pied, et restez silencieux pendant l'exécution; montrez-vous sobres d'applaudissements.

Ne jouez ou ne chantez sur l'invitation de la maîtresse de maison, que si vous pouvez faire réellement plaisir.

CHAPITRE XVIII

Des Soirées dansantes.

Les invitations aux grandes soirées doivent se faire *au moins* huit jours à l'avance, afin de donner aux dames le temps nécessaire à la préparation de leurs toilettes : car la tenue de cérémonie y est de rigueur. Il importe donc, pour ces réunions, qu'une femme ait une toilette élégante, conforme à sa situation, à son âge et à la circonstance, puisqu'il y a des soirées plus ou moins brillantes, selon la maison qui vous reçoit, le nombre et l'importance des invités.

On répond à ces invitations par l'envoi d'une carte de visite, sans prendre aucun engagement : ce n'est plus comme pour un diner, où la maîtresse de maison doit connaître d'avance le nombre précis de ses convives.

Pour les soirées, vous êtes jusqu'au dernier moment libre d'accepter ou de refuser l'invitation.

Que vous ayez accepté ou non, vous devez, dans la huitaine, sinon une visite, au moins votre carte. Ce qui ne vous dispensera pas de l'envoyer de nouveau à l'occasion du jour de l'an.

Un jeune homme peut présenter un de ses amis pour une soirée, surtout lorsqu'il sait la maîtresse de maison à court de danseurs. Il le présentera tout d'abord en le nommant par son nom.

Les salons consacrés à la danse ne sont pas chauffés. La maîtresse de maison qui doit, pour n'être pas impolie, être prête quand arrivent les premiers invités, les reçoit dans un petit salon chauffé. Le maître de la maison et quelques parents ou amis intimes offrent leur bras aux dames pour les introduire dans le salon; et, lorsque l'encombrement commence, les personnes les plus rapprochées de la salle de bal, et sans distinction, y passent les premières. Les jeunes filles se placent devant leur mère ou la personne qui les accompagne.

Soyez exact à vous rendre à l'heure indiquée : Arriver trop tôt, c'est s'exposer à déranger la maîtresse de maison, et trop tard, semblerait indiquer que vous voulez attirer l'attention.

Si les invitées doivent apporter à leur toilette toute l'élégance que comporte la circonstance, les femmes de la maison où l'on reçoit doivent être d'une grande simplicité, afin de ne pas éclipser leurs invitées.

Un jeune homme n'attendra pas que l'orchestre ait donné le signal, pour inviter une jeune personne à danser, elle pourrait supposer qu'il la considère comme un pis aller, ou qu'il prend en pitié son abandon.

La formule pour l'invitation est celle-ci : Madame, ou Mademoiselle, veut-elle me faire l'*honneur* de danser avec moi le prochain quadrille ?

La jeune personne en acceptant se contentera d'incliner la tête, en signe d'adhésion; mais si elle refuse, elle doit motiver son refus.

Lorsqu'une femme a refusé un danseur, sous prétexte de fatigue, elle se condamne, par cela même, à ne plus danser de la soirée.

7.

Pendant la danse, une femme ne peut confier son mouchoir, son éventail, etc., qu'à son mari ; une jeune fille, à la personne qui l'accompagne.

Un homme bien élevé ne débarrassera jamais sa danseuse de ces objets.

Pendant le quadrille, la jeune fille n'entrera dans aucun sujet de conversation avec son danseur, elle lui répondra convenablement.

Après la danse, le cavalier reconduit sa danseuse à la place qu'elle occupait auparavant ; il la remercie, la salue respectueusement et s'éloigne.

Qu'il se garde bien de s'asseoir auprès d'elle, ni d'affecter un ton familier ; qu'il soit très réservé dans la critique, et rempli d'égards et de respect pour les personnes âgées.

Qu'il soit aimable envers tous, mais que son amabilité ne s'égare pas jusqu'à l'obséquiosité ; qu'il ne fatigue pas les dames par des madrigaux ou des compliments exagérés, ce serait les offenser, et rien n'est de plus mauvais ton que cette façon d'agir.

Mais un homme poli ne doit manquer aucune occasion de rendre service aux dames, de leur éviter toute peine, de les débarrasser de leur verre, de leur soucoupe, après qu'on a passé les rafraîchissements.

Il ne faut à ce propos, ni refuser, ni accepter ce qui est offert avec trop d'empressement. Il y a là une mesure à garder que le tact indique.

Les dames accepteront les soins des cavaliers, non comme une obligation, mais comme une marque de politesse à laquelle elles répondront par d'aimables remerciements.

Les jeunes gens ne quittent pas la salle de bal, non plus que les mamans ou les chaperons accompagnant les jeunes filles qu'ils ont pour mission de protéger.

Dans une soirée musicale ou littéraire, on évitera non-seulement de sortir du salon, mais encore d'y entrer pendant l'exécution d'un morceau ou la lecture d'une poésie.

Les applaudissements ne se font pas dans un salon, comme au théâtre ou au concert, par un frappement de mains, mais par un murmure d'approbation fait à demi voix, et auquel les personnes les plus autorisées, soit par leur situation, soit par leur âge ajoutent quelques paroles flatteuses.

Si vous n'êtes pas ami intime de la maison, retirez-vous sans être remarqué, et réservez vos remerciements pour la visite que vous ferez dans la quinzaine; visite qui n'est pas même de rigueur, si vous n'êtes pas en rapport de visites régulières avec la famille qui vous a reçu. Une carte suffit pour l'instant, mais cette carte vous devez la renouveler au jour de l'an.

RÉSUMÉ. — Les invitations aux soirées doivent se faire au moins huit jours à l'avance. La toilette y doit être aussi élégante que possible.

On n'est pas tenu à s'engager à l'avance pour une soirée. On doit une visite à qui vous a invité.

Un jeune homme peut présenter un de ses amis pour une soirée dansante.

Les salons où l'on danse ne doivent pas être chauffés.

Soyez exacts à l'heure indiquée.

Un jeune homme doit faire ses invitations quand et comme il convient.

Quand une femme refuse un danseur, elle se condamne à ne plus danser de la soirée.

Le jeune homme ne débarrassera pas lui-même sa danseuse de son mouchoir et de son éventail.

La jeune fille n'entrera pas en conversation avec son danseur.

Après la danse, le cavalier accompagne la jeune fille à la place qu'elle occupait et se retire.

Que l'amabilité du jeune homme ne dégénère pas en obséquiosité, ce serait manquer de dignité.

Les dames doivent recevoir d'une manière aimable les attentions des hommes.

Les jeunes gens ne quittent pas la salle de bal.

Eviter d'entrer dans le salon pendant l'exécution d'un morceau ou d'une lecture.

On n'applaudit pas dans un salon comme au théâtre, ce serait de mauvais goût.

On doit une visite ou tout au moins une carte dans les huit jours qui suivent la soirée.

CHAPITRE XIX

Au Théâtre.

SOMMAIRE. — Place que l'on prend avec des invités. — Pas de discussion. — Parler à demi-voix. — Tenue digne. — Silence.

Lorsqu'un homme accompagne des dames au théâtre, dans une loge, il laisse aux dames le premier rang, et s'assied derrière elles.

Il ne lui convient ni de se pencher sur le dossier de leur fauteuil, ni de leur parler à l'oreille, ni d'attirer leur attention vers qui ou quoi que se soit dans la salle, en l'indiquant du doigt ou du bout de la lorgnette.

Les dames, de leur côté, ne se retourneront pas pour rire et causer à haute voix ; si elles ont à parler aux messieurs qui les accompagnent, elles doivent le faire sans élever la voix et en se retournant à demi.

Les dames seront sobres d'applaudissements.

Si par inadvertance vous aviez pris la place de quelqu'un, cédez-là en vous excusant poliment. Abstenez-vous de discuter, lors même que vous seriez dans votre droit, car une querelle dans un lieu public est d'aussi mauvais goût pour celui qui a raison que pour celui qui a tort.

Dès que le rideau est levé, les hommes se découvrent, le silence s'établit. On doit alors se dispenser de faire connaître d'avance les péripéties de la pièce si on la connaît, cela gâte le plaisir de la surprise. Un homme ne se permettra pas de fredonner entre les dents lorsque l'on joue, ce qui est fort agaçant pour les oreilles voisines.

Il est superflu, je pense, de vous recommander de ne pas vous endormir au théâtre, mieux vaut dans ce cas n'y pas aller; mais si la fatigue ou le sommeil vous accablaient, retirez-vous.

RÉSUMÉ. — Laisser, dans une loge, le premier rang aux dames.

Que le maintien et la tenue soient très dignes.

N'ayez jamais de discussion et moins encore de querelle dans un lieu public.

Ne rien dire qui gâte la surprise.

Ne pas fredonner entre les dents.

S'endormir au théâtre est fort inconvenant, il vaut mieux se retirer.

CHAPITRE XX

Cartes de visite. — Visites d'audiences. Présentations.

SOMMAIRE. — Les cartes tiennent lieu de visites dans certains cas. — Leur rédaction, leur usage. — Exactitude à une audience accordée. — Conduite dans l'antichambre. — Manière de présenter une personne à un supérieur.

CARTES DE VISITES. — Autrefois, les cartes de visites consistaient tout simplement à laisser trace de votre passage chez des amis absents ; aujourd'hui, cet usage s'est de beaucoup étendu. On les envoie à domicile pour tenir lieu de visites personnelles, c'est ce que l'on appelle visites par cartes. Cet usage est passé dans nos mœurs, et voici dans quelles circonstances l'envoi des cartes est de mise :

1º Après un malheur, un accident ou une disgrâce, pour condoléance ;

2° Après un bonheur ou un succès, pour félicitations ;

3° Après la réception d'une lettre de faire-part ;

4° En réponse à une invitation quelconque,
excepté pour un dîner, où l'on écrit pour l'accepta-
tion ou le refus ;

5° Pour prendre congé, quand on va à la campagne ou en voyage, en ajoutant à son nom les
lettres P. P.C ;

6° Au retour, pour l'annoncer ;

7° Au jour de l'an.

Les demoiselles n'ont pas de cartes à elles ; lorsqu'elles font une visite avec leurs mères, leur nom
de famille précédé du mot Mademoiselle est ajouté
au crayon à la carte de leurs mères.

Les époux ont des cartes séparées et des cartes
collectives : les cartes collectives portent Monsieur
et Madame X..., sans prénom ni adresse. Un homme
ne fait pas précéder son nom du mot Monsieur, il
met l'initiale de son prénom, et quelquefois sa profession et son adresse. Une femme met toujours le
mot Madame et ne met ni prénom ni adresse.

Les cartes doivent être en nombre égal à celui
des maîtres de la maison, les enfants ne comptent
pas.

Une demoiselle d'un certain âge, qui a pris les

habitudes et l'aplomb d'une femme du monde, a ses cartes et s'en sert dans toutes les circonstances. Les femmes n'envoient pas leurs cartes aux hommes, à moins d'occuper un emploi, elles l'envoient alors à leur supérieur immédiat.

Et ne dites pas trop de mal des cartes de visites, car on a tort de ne pas les apprécier, ces petits carrés de carton, qui nous rendent bien des services et nous font parfois bien plaisir.

> Comme un myosotis, elles disent tout bas :
> Un ami pense à vous, oh ! ne l'oubliez pas !

Elles témoignent du souvenir des amis éloignés, de la part que l'on prend à notre joie et à nos douleurs. Je ne sais à quel poète elles ont inspiré ces jolis vers :

> « Du jour de l'an, vous êtes, mes charmantes,
>   Les ambassadeurs précieux.
> Vous êtes les coureurs des belles nonchalantes,
>   Et les ailes des paresseux.
> Lorsque le mois de mai vient remplir nos corbeilles,
>   Sur vos beaux vernis éclatants,
> Nous lisons P. P. C.; sur ces lettres vermeilles,
>   Se voit la griffe du printemps.
> Sous vos habits pimpants, à l'étoffe qui brille,
>   Vous cachez un cœur tendre et bon ;
> Vous vous associez au deuil de la famille,
>   Quand la mort frappe à la maison. »

Les cartes doivent être blanches et sans ornement.

Les cartes de deuil sont encadrées d'un filet noir. Pendant le grand deuil on n'envoie pas de cartes.

On n'envoie pas de cartes par la poste à un grand personnage ou chez un supérieur, on les porte soi-même.

Lorsque, ne rencontrant pas les personnes que l'on visite, on remet soi-même sa carte, on la corne ou on la plie dans sa largeur.

AUDIENCES. — Une demande d'audience doit être adressée au secrétariat du ministère, en mentionnant le motif pour lequel on sollicite cette audience.

L'exactitude est dans ce cas de la plus haute importance ; rendez-vous à l'audience accordée quelques minutes avant l'heure indiquée, afin que le ministre ne dise pas comme Louis XIV : « J'ai failli attendre. »

Le costume des femmes, dans cette circonstance, doit être simple et de bon goût. Si pour les hommes l'habit noir n'est pas de rigueur, encore faut-il que le costume soit tout à fait convenable. En attendant, ne vous montrez pas impatient, ne prenez pas vos aises, ne causez pas, ne vous promenez pas dans la salle d'attente.

Le ministre a tous les droits possibles de vous faire attendre, vu la gravité des affaires qu'il dirige ; et vous n'avez aucun droit de vous en étonner, moins encore de vous en offenser.

Ainsi que les pétitions, ces sortes de visites sont aussi courtes que possible ; sachez bien d'avance ce que vous avez à dire et comment vous voulez le dire, puis retirez-vous, dès que vous aurez compris, à un certain signe, qu'il est temps de le faire. Ne soyez pas étonné non plus si l'on vous reçoit debout, les audiences ont lieu de cette façon.

PRÉSENTATIONS. — Quant aux présentations, elles se font de l'inférieur au supérieur, auquel on nomme la personne que l'on présente, sans nommer celle à laquelle on présente quelqu'un, car il est à présumer que la personne présentée connaît celle à à qui on la présente.

On présente un homme à une femme et non une femme à un homme ; celle-ci se contente de s'incliner : c'est d'ailleurs la seule manière de répondre à une présentation.

RÉSUMÉ. — On peut envoyer une carte pour tenir lieu de visite personnelle.

On envoie sa carte, 1° pour condoléance ; 2° pour félicitations; 3° à la réception d'une lettre de faire-part ; 4° pour répondre à une invitation ; **5°** pour prendre congé ; 6° au retour ; 7° au jour de l'an.

Le nombre des cartes envoyées doit être égal à celui des maîtres de la maison, non compris les enfants.

Une demoiselle n'a pas de cartes.

Une femme ne met pas son adresse sur sa carte, à moins qu'elle n'ait une profession.

Les cartes de visites ont leur agrément et leur utilité.

Soyez exacts à vous rendre aux audiences.

Ne vous montrez pas impatients en attendant. Préparez d'avance ce que vous voulez dire.

La présentation se fait de l'inférieur ou supérieur; le présenté s'incline, c'est sa seule manière de répondre.

CHAPITRE XXI

De la politesse en public.

SOMMAIRE. — Politesse à l'égard de tous : des domestiques, des ouvriers, des passants ; dans la rue, en chemin de fer, en omnibus, en voiture particulière, à cheval, dans les lieux publics, dans les magasins.

Il ne suffit pas de se montrer poli chez soi et dans les réunions du monde, il faut l'être partout; rien n'est choquant comme cette jeune personne qui se montre aimable et gracieuse dans un salon, et qui, dans ses rapports avec les commerçants, les gens d'affaires ou les inconnus, n'est rien moins qu'aimable, et semble affecter de la hauteur, du dédain, elle prouve en cela son manque de politesse. Être poli, c'est l'être en soi et avec tous : nos relations ne se bornent pas à nos amis et aux gens du monde.

On reçoit quelqu'un pour affaires; on entre dans un

magasin pour faire des emplettes; on voyage en omnibus, en chemin de fer; les employés, les ouvriers, les domestiques, tous veulent être l'objet de votre politesse et des égards dus à chacun.

Avant de sortir de la maison, disons d'abord ce que vous devez à vos domestiques.

Les commander avec douceur et fermeté; n'avoir pas trop de familiarité, car beaucoup en abuseraient, mais non plus jamais de dureté, ni d'arrogance. Ne soyez avec eux ni impérieux, ni trop exigeants. Réclamez d'eux ce qu'ils doivent faire; si vous le faites en termes impolis, vous vous exposez à ce qu'ils se montrent eux-mêmes impolis. Qui doit savoir l'être le plus ?... Ils sont vos inférieurs, cela est vrai, mais vous avez été mieux élevés qu'eux; d'ailleurs, vous connaissez le proverbe : Tel maître, tel valet.

A table, vous reconnaissez leurs services par un merci ou par un signe de tête.

Pour les domestiques étrangers, le ton doit être quelque peu différent; vous les remercierez d'une façon plus marquée.

Plus vous serez bienveillants envers vos subordonnés, mieux vous serez servis par eux. Un bon domestique est chose précieuse; vous vous les attacherez par des égards.

Lorsque vous acceptez une invitation à la cam-

pagne, chez des amis, vous devez récompenser lar-
gement les domestiques; si vous ne le pouvez pas, il
vaudrait mieux vous abstenir, et rester chez vous.

Sortons maintenant : nous voici dans la rue.

Si nous voyons venir vers nous un prêtre, un religieux, une dame âgée, un homme portant un lourd
fardeau, une personne infirme, détournons-nous,
et laissons à toutes ces personnes le haut du pavé,
c'est-à-dire le côté des maisons.

Lorsqu'un jeune homme accompagne une dame, il
doit également lui laisser le haut du pavé.

Voici l'orage, ouvrons notre parapluie, mais te-
nons-le droit ou abaissons-le, selon les cas divers.
Une dame passe près de vous sans parapluie, vous
pouvez lui offrir l'abri du vôtre, elle l'acceptera si
elle est très pressée, mais elle ne proposera jamais
à un homme de partager le sien avec elle.

Surtout ne heurtons pas les passants, et si nous nous
égarons, nous demanderons poliment notre chemin.

Il est convenable de se découvrir en demandant
son chemin, ou en l'indiquant à qui vous le demande. Lorsqu'un homme s'adresse à une dame, il
doit, s'il fume, quitter son cigare, et ne le reprendre qu'après avoir pris congé d'elle.

Si nous rencontrons un ami, nous le saluerons, et
nous nous couvrirons aussitôt; si c'est une dame,

nous attendrons qu'elle nous en prie, ce qu'elle fera
immédiatement, si elle est polie.

Pas de longs entretiens dans la rue, s'il vous arrive d'y causer, c'est au plus âgé ou au supérieur
à rompre le premier.

N'éclaboussons personne, évitons les foules, les
cohues, qui pourraient nous obliger à enfreindre les
lois de la politesse, en jouant des coudes pour nous
livrer passage ; d'ailleurs, il y a du danger.

Voici une personne amie en voiture, elle fait arrêter pour nous parler, elle eût mieux fait de passer
outre, ou bien elle devait nous inviter à nous asseoir
auprès d'elle.

Si vous-mêmes êtes en voiture, ne souffrez jamais,
jeunes gens, que les personnes de considération,
les prêtres, les dames, les vieillards occupent le
rebours tandis que vous seriez au fond.

Un jeune homme accompagnant une dame seule
en voiture lui laissera le fond, et il occupera le rebours, à moins que sa compagne n'insiste pour le
faire asseoir auprès d'elle, ce à quoi elle ne man-
quera pas, si elle est polie elle-même.

Vous accompagnerez toujours jusque chez elle la
personne à laquelle vous aurez offert une place dans
votre voiture.

Si vous invitez quelqu'un à monter en voiture, vous monterez toujours le dernier, offrant la main aux dames pour les aider à monter, et le bras aux personnes âgées.

Si, au contraire, on insiste pour que vous montiez le premier, ne vous faites pas prier, faites comme ce milord qu'on avait vanté à Louis XIV comme étant l'homme le plus poli de la cour : « Je le verrai bien, dit le roi. » En effet, quelques jours après, le roi invita l'ambassadeur à faire avec lui une promenade en voiture, ce que celui-ci accepta avec empressement ; au moment de partir, le roi dit à l'ambassadeur : « Montez, milord, » et milord monta aussitôt. La véritable politesse, dans ce cas, était d'obéir sans réplique à l'invitation royale.

Lorsque vous montez a cheval, si vous accompagnez un supérieur, restez derrière lui jusqu'à ce qu'il vous ait appelé à ses côtés.

Si vous êtes deux qui l'accompagnez, la place d'honneur qui est à droite appartient à la personne d'un rang supérieur.

Si c'est une dame que vous accompagnez, laissez son cheval dépasser le vôtre au moins de la tête ; ne montez que lorsqu'elle sera en selle et que vous l'aurez aidée. Pendant la promenade, assurez-vous par un coup-d'œil que rien ne se dérange dans le harnachement, et tenez-vous prêt au besoin à porter secours à votre compagne.

Dans les lieux publics, abstenez-vous de ces éclats de rire si peu convenables; ne sautillez pas en marchant, conservez toujours une certaine gravité. Vous, jeunes filles, soyez modestes, évitant de regarder à droite, à gauche. Ayez des égards et soyez polies envers tout le monde. Que votre maintien, votre tenue décèlent une personne bien élevée : celle-ci ne marche, ne court, ne se mouche, ni ne crache comme celles qui sont mal élevées. Entrer dans le détail de ces choses serait superflu, je pense ; tous les gestes, le maintien, la démarche d'une personne comme il faut, sont différents de celle qui ne l'est pas. C'est le cachet par lequel on juge immédiatement et sûrement de l'éducation des gens que l'on rencontre.

Soyez également polis dans les magasins ; ne faites pas déplacer cent objets pour en prendre un et quelquefois même pour n'en prendre aucun. Expliquez bien ce que vous voulez ; et, si quelque chose ne vous convient pas, refusez sans déprécier l'objet que l'on vous présente : il en faut pour tous les goûts, et, ce qui déplaît à l'un, convient à l'autre.

En omnibus, comme en chemin de fer, évitez tout ce qui pourrait gêner vos voisins ; ne portez rien qui ait une forte odeur, lors même qu'elle serait agréable : il y a des personnes qui peuvent s'en trouver incommodées. Si vous montez en voiture publique avec un parapluie, des vêtements mouillés, évitez de toucher personne. Offrez, s'il y a lieu, votre place à un autre voyageur, soit un coin, soit le rebours ou le fond, selon les circonstances. Ne fumez pas en voiture publique, jetez votre cigare au moment d'y monter. Lorsqu'il s'agit d'un voyage un peu long, ne fumez que si vos compagnons de route vous y autorisent et après le leur avoir demandé.

N'établissez pas de courants d'air, sans le consentement des autres voyageurs ; n'allongez pas trop les jambes ; n'ayez jamais l'air de vous moquer de personne. En un mot, là comme ailleurs, montrez vous autant que possible utiles et agréables aux autres.

RÉSUMÉ. — Il ne suffit pas d'être poli chez soi, il faut l'être partout et avec tout le monde.

Commandez les domestiques avec douceur et fermeté, sans familiarité : Tel maître, tel valet. On s'attache les domestiques par des égards.

Quand vous avez accepté une invitation à la campagne, vous devez récompenser convenablement les domestiques.

Dans la rue, laissez le haut du pavé aux prêtres, aux vieillards, aux infirmes, à la personne qui vous accompagne.

Un homme peut offrir l'abri de son parapluie à une femme, mais celle-ci ne peut lui offrir le sien.

Se découvrir en demandant son chemin.

Quand un homme a salué un ami, il se couvre aussitôt ; si c'est une dame, il attendra qu'elle l'ait invité à se couvrir.

Pas de longs entretiens dans la rue. Eviter les foules.

Dans une voiture, les jeunes gens ne doivent pas souffrir que les dames occupent le rebours. Quand on offre sa voiture à une personne amie, on monte après elle.

Un homme qui accompagne un supérieur à cheval doit lui laisser le pas et la place d'honneur. Si c'est une dame, laisser son cheval dépasser un peu le vôtre.

Pas d'éclats de rire, de notes bruyantes dans les rues, dans les lieux publics.

Une jeune personne doit toujours être modeste dans son regard, dans son maintien, dans sa tenue.

Soyez polis dans les magasins ; en omnibus et en chemin de fer, évitez tout ce qui pourrait gêner.

CHAPITRE XXII

Usage du monde dans les principales circonstances de la vie. — Baptême. — Mariage. — Décès.

SOMMAIRE. — Ce à quoi s'engagent le parrain et la marraine. — Obligations du parrain le jour du baptême ; obligations de la marraine ; obligations du père de l'enfant. — Cérémonie religieuse.

I

BAPTÊME.

Le parrain et la marraine sont les parents spirituels de l'enfant ; ils s'engagent moralement à remplacer son père et sa mère, s'il en était besoin dans l'avenir.

Rien n'oblige à accepter les fonctions de parrain et de marraine, si ce n'est le titre de grands parents. N'acceptez donc que si vous êtes disposés à remplir toutes les charges qui peuvent vous incomber plus tard, et toutes celles aussi qui pèseront sur vous le jour du baptême : car le parrain ne doit oublier ni le cadeau à la jeune mère, ni les gants, le bouquet, les bonbons de la marraine ; ni la boîte de bonbons au prêtre, boîte au fond de laquelle se trouve une pièce d'argent ou d'or, selon ses moyens. Les officiers de l'église, suisse, bedeau, enfants de chœur, carillonneurs, auront également part à ses largesses ; il les rendra tous joyeux : c'est la bienvenue pour le nouveau-né. Enfin, il aura aussi des dragées pour toute la famille.

Les boîtes seules sont adoptées, non les sacs, et moins encore les cornets, si ce n'est pour les gens de service.

Voilà pour le parrain, à moins que le père ne se charge, ce qui d'ailleurs se fait le plus souvent, des frais de l'église et de l'achat des dragées à distribuer dans la maison.

D'ailleurs, les usages **ne** sont pas uniformes. Il est indispensable, en toute circonstance, de se conformer aux usages établis dans la localité où la céré-monie a lieu.

Vous, marraine, que votre toilette soit à la fois élégante et simple ; offrez à votre filleul la robe et le bonnet de baptême, la layette tout entière même, si vous êtes riche. Dans beaucoup de familles, la mère a préparé d'avance sa layette, en ce cas, offrez à l'enfant une ou plusieurs pièces d'argenterie.

L'habit noir et les gants blancs sont de rigueur pour le parrain.

Au père de l'enfant appartiennent les frais de voiture. Il ira lui-même chercher le parrain et la marraine et reviendra prendre l'enfant et la personne qui le porte, nourrice ou sage-femme, selon l'usage du pays.

L'enfant entre le premier dans l'église, précédé du suisse et suivi de ses parrain et marraine ; viennent ensuite les autres personnes et les invités de la famille.

Soyez bien renseignés sur l'ordre des prénoms, sur l'orthographe du nom de famille, afin de ne pas donner lieu plus tard à de graves erreurs, quand on aura besoin de l'extrait de baptême.

Soyez aussi pénétrés de l'importance de l'acte religieux que vous remplissez, faites-le avec toute la gravité que comporte la situation.

La cérémonie achevée, retirez-vous dans l'ordre adopté pour entrer, et enfin, allez vous-même présenter le nouveau chrétien à sa mère.

RÉSUMÉ. — Les parrains et marraines sont les parents spirituels de l'enfant.

Le parrain doit un cadeau à la jeune mère ; des gants, un bouquet et des bonbons à la marraine ; il ne doit oublier personne.

La marraine donne à l'enfant la robe, le bonnet de baptême, même la layette ou une pièce d'argenterie, selon sa fortune.

Accomplir cet acte avec toute la gravité qu'il comporte.

II

LE MARIAGE.

SOMMAIRE. — Rôle du jeune homme avant le mariage. — Le contrat. — La corbeille. — Cérémonies à l'église, ordre du cortège — Toilettes. — Repas. — Voyage de noces. — Cérémonial. — Toasts. — Bal. — Visites de noces.

Lorsqu'un mariage est décidé, le jeune homme fait des visites quotidiennes ou tout au moins très fréquentes à sa future; il se présentera dans une tenue très soignée, offrira des présents de peu de valeur: bouquets, musique, menus objets, etc.

Les questions d'intérêt seront discutées par les membres des deux familles, sans que les fiancés y prennent aucune part directe, du moins en apparence.

Le contrat est signé chez le père de la jeune fille; le jour même de la signature, la corbeille est offerte.

La corbeille se compose de bijoux, dentelles, châles, robes en pièces. Le contenu est relatif à la fortune du fiancé. On y ajoute quelques pièces d'or toutes neuves autant que possible.

La jeune fille expose tous ces objets dans sa chambre pour les montrer à ses amies.

Si le mariage à la mairie a lieu quelques jours auparavant, la jeune fille est en costume de ville.

Pendant les jours qui séparent le mariage à la mairie du mariage à l'église, la situation de la jeune fille est très délicate : elle évitera de se montrer en public, et même dans le salon maternel. Le fiancé, lui-même, apportera pendant ces jours plus de réserve et ses visites seront moins fréquentes.

Le mariage à l'église a lieu dans la paroisse de la jeune fille. Le marié apporte à sa future un bouquet tout blanc ; il se munit des anneaux et de la pièce de mariage.

Les frais du culte et des actes, ceux des voitures et de location des chaises à l'église sont à la charge du marié.

Les personnes qui n'ont pas leur voiture particulière sont amenées chez la mariée par les voitures qui vont les prendre à leur domicile ; ceux qui ont une voiture, n'ayant pas besoin qu'on aille les prendre, se rendent d'eux-mêmes à l'heure indiquée.

Arrivés à l'église, on se rend à l'autel dans l'ordre suivant :

La mariée conduite par son père ;

Le marié et sa mère ;

La mère de la mariée conduite par le père du marié ;

Puis les témoins, les parents, les amis.

Les futurs prennent les places qui leur sont destinées : le marié à droite, la mariée à gauche.

Derrière chacun d'eux se placent leurs familles respectives.

Le poële est tenu par deux jeunes gens choisis dans les deux familles.

Le prêtre présente l'anneau de mariage au mari qui le prend de sa main droite dégantée, et le passe au quatrième doigt de la main gauche de la mariée.

Pendant la cérémonie du mariage, il est d'usage de faire quêter, parmi les invités, les plus proches parents et parentes des époux.

La messe terminée, le retour à la sacristie se fait dans l'ordre suivant :

Le père du marié conduisant la mariée.

Le marié conduisant la mère de la mariée.

Le père de la mariée conduisant la mère du marié.

9

Les autres invités dans le même ordre que précédemment.

Toutes les personnes invitées viennent dans la sacristie faire leurs compliments aux mariés.

Le marié profite de cette circonstance pour présenter ses amis à sa femme, tandis que la mère de la mariée présente les siens à son gendre.

En quittant la sacristie, l'ordre du cortège change encore une fois.

C'est le marié qui conduit sa femme et monte avec elle dans la première voiture, où prennent place avec eux ses parents.

Les parents de la mariée, qui en venant occupaient avec elle la première voiture, montent seuls dans la seconde.

Je crois superflu d'ajouter que la toilette de la mariée est entièrement blanche avec voile de tulle ou de dentelle, fleurs d'oranger dans les cheveux, que le marié est en habit noir, cravate et gants blancs; la même tenue est de rigueur pour les garçons d'honneur; quant aux demoiselles d'honneur, elles portent un costume de ville de couleur très claire, mais elles ne se mettent ni en blanc ni en cheveux.

Tous les invités sont en grande toilette : les personnes en **grand deuil** ne doivent pas accepter d'invitations.

Une demoiselle d'un certain âge qui se marie porte une robe de ville très claire, et non une toilette blanche ; elle remplace ordinairement la couronne de fleurs d'oranger et le voile par un chapeau blanc.

Maintenant, il n'y a plus guère de repas de noces, il est remplacé, en général, par un *voyage de noce*.

Le départ a lieu ordinairement à l'issue d'un déjeuner auquel assistent seuls les membres de la famille.

Ce que l'on appelle *la noce* est presque généralement supprimé, à moins que les époux ne partent pas ; il y a dans ce cas un repas de noces qui a lieu le soir dans la famille de la mariée. Alors les époux se placent comme ils le feront toujours dans la suite, ils occupent vis-à-vis l'un de l'autre le milieu de la table, la mariée ayant à droite le père de son mari, à gauche son père ; le marié est placé entre sa mère à gauche et sa belle-mère à droite.

Il va sans dire que tous les honneurs et toutes les attentions possibles sont dus à la mariée qui est toujours servie la première.

Au désert, on porte des toasts aux mariés, en leur

adressant des paroles bien senties ; cela remplace le chant qui est maintenant démodé.

Lorsque le dîner est suivi d'un bal, la mariée ouvre le bal avec un cavalier de son choix, c'est habituellement un ancien ami de la famille ; elle a pour vis-à-vis le marié. Les mariés dansent ensemble le second quadrille ; ensuite, chacun fait les invitations qui lui conviennent ; mais comme on aime à faire danser la mariée, celle-ci n'acceptera pas deux invitations du même danseur.

Dès leur retour de voyage, ou quinze jours après leur mariage, s'ils ne sont pas partis, les mariés font une visite en grand apparat à tous leurs amis et aux personnes avec lesquelles ils doivent entrer en relations.

Ces visites sont rendues aux jeunes époux dans la huitaine qui suit, par les personnes qui ont assisté au repas de noces ; les autres ont la quinzaine.

RESUMÉ. — Le jeune fiancé doit faire de fréquentes visites à sa future.

Le contrat est signé chez le père de la jeune fille.

L'élégance de la corbeille est relative à la fortune du jeune homme.

On se rend à l'autel dans l'ordre indiqué plus haut.

Dans la sacristie, tous les invités vont féliciter les époux.

Au diner, les époux prennent les places qu'ils occuperont désormais.

Tous les honneurs sont pour la mariée.

Au bal, la mariée choisit pour le premier quadrille un ami de la famille.

Les époux dansent ensemble le second quadrille.

Les époux font une visite à leurs amis à leur retour, ou quinze jours après le mariage.

Ces visites sont rendues dans la huitaine qui suit.

III

ENTERREMENTS.

A moins d'empêchements sérieux, il importe d'assister à un enterrement auquel on a été invité par lettre de faire-part. Eussiez-vous eu de sérieux griefs contre le défunt, vous devez les oublier dans un pareil moment, et vous rendre à l'invitation faite par la famille.

Il faut alors se rendre à la maison mortuaire, y entrer et ne pas rester dans la rue pour attendre le départ. Les femmes doivent être en deuil, autant que possible, ou du moins dans une toilette sombre.

Les honneurs de la maison sont ordinairement confiés aux soins d'un des membres éloignés de la famille.

Dès qu'on a donné le signal du départ, les plus proches parents suivent le corbillard, puis la famille et enfin les invités rangés sur deux files, tête nue, recueillis et silencieux.

Viennent ensuite les voitures de deuil devant lesquelles marche la voiture du défunt vide et fermée.

Déroger à ces lois, au respect que l'on doit aux morts en prenant un air riant, en parlant, en gesticulant, c'est faire preuve, non-seulement de manque de savoir-vivre, mais encore de manque de sentiment.

Ce ne sont pas seulement ceux qui assistent aux funérailles, mais aussi les personnes qui rencontrent le cortège funèbre, qui doivent témoigner de leur respect devant la mort ; ils se découvrent en passant devant le corbillard et prennent l'attitude la plus convenable.

Ce qui précède s'applique à *tous*, il ne s'agit point là d'étiquette, mais de sens moral ; que l'on ait ou non reçu de l'éducation, on doit le respect à tout ce qui est respectable. En présence de la mort et sous l'influence des pensées qu'elle inspire, en présence d'une famille en deuil, éplorée, il faut être dénué de sentiment pour rire ou plaisanter, que dis-je ? pour aller attendre au cabaret que la cérémonie funèbre de l'église soit terminée.

De l'église, on se rend au cimetière. Dans les grandes villes, beaucoup de personnes se retirent après la cérémonie religieuse; la famille, les amis du défunt se rendent seuls au cimetière. En sortant, on passe devant les membres de la famille réunis, et on leur serre la main ou on les salue.

Dans la semaine qui suit l'enterrement, on fait une visite aux parents du défunt habitant la maison mortuaire.

Ceux-ci ne rendent cette visite qu'après l'expiration du grand deuil.

Lorsqu'on ne fait pas de visite, on envoie sa carte avec quelques mots, comme ceux-ci : *M*ᵐᵉ *X...* *avec l'expression de sa douloureuse sympathie* ; ou bien, *avec ses condoléances.*

Le grand deuil se porte seulement pour père, mère, grand-père, grand'mère, mari, femme, frère et sœur. Pour les jeunes enfants, la famille ne porte ordinairement pas le deuil.

Le deuil pour un père et une mère se porte un an ;

Pour un mari, un an et six semaines ;

Pour une femme, six mois ;

Pour frère et sœur, six mois ;

Pour oncle et tante, trois mois ;

Pour cousin germain, quinze jours ;

Pour les cousins issus de germains, huit jours.

Les militaires et les fonctionnaires en costume portent le crêpe au bras et à l'épée.

Les ecclésiastiques portent le crêpe au chapeau.

Les deuils se divisent en trois classes : grand deuil, deuil ordinaire, demi-deuil.

Pour le grand deuil, on ne porte que des étoffes de laine, des gants tissés ou tricotés, châle de cachemire noir, carré; le crêpe est le seul ornement admis, mais il est plus convenable de n'en porter aucun, et cela pendant six mois.

La soie noire peut se porter pour le deuil ordinaire, mais non le satin et le velours, pas plus que les bijoux de jais, les gants de peau.

Pour le demi-deuil, mélange de noir et de blanc, de gris et de violet.

> C'est la peine imposée à ceux qui longtemps vivent,
> De voir sans cesse, ainsi que les mois qui se suivent,
> Les deuils se succéder de saison en saison,
> Et les vêtements noir entrer dans la maison.

Pendant le grand deuil, on ne reçoit pas, on ne va pas dans le monde. Les visites ne se font qu'en prenant le deuil ordinaire; et l'on ne se montre dans les réunions publiques qu'en prenant le demi-deuil.

Il est d'usage, lorsqu'on tient un certain état de maison, de faire porter le deuil aux domestiques.

On écrit, lorsqu'on est en deuil, sur du papier encadré de noir, avec enveloppes également bordées de noir.

Je ne terminerai pas ce lugubre chapitre sans vous citer ici ces beaux vers d'Alfred de Musset.

Quel tombeau que le cœur, et quelle solitude !...
Comment la passion devient-elle habitude.
Et comment se fait-il que sans y trébucher,
Sur ses propres débris, l'homme puisse marcher ?
Il y marche pourtant, c'est Dieu qui l'y convie.
Il va semant partout et prodiguant sa vie :
Désir, crainte, espérance, inquiétude, ennuis,
Tout passe et disparaît; tout est fantôme en lui.
Son misérable cœur est fait de telle sorte
Qu'il faut incessamment qu'une ruine en sorte.
Que la mort soit son terme, il ne l'ignore pas.
Et marchant à la mort, il meurt à chaque pas;
Il meurt dans ses amis, dans son fils, dans son père;
Il meurt dans ce qu'il aime et dans ce qu'il espère.
Et sans parler des corps qu'il faut ensevelir,
Qu'est-ce donc qu'oublier, si ce n'est pas mourir ?
Ah ! c'est plus que mourir, c'est survivre à soi-même.
L'âme remonte au ciel quand on perd ce qu'on aime.

Terminons cependant par cette strophe, moins sombre parce que l'espérance y verse son ineffable rayon.

Quand j'ai traversé la vallée,
Un oiseau chantait sur son nid,

Ses petits, sa chère couvée
Venaient de mourir dans la nuit ;
Cependant, il chantait l'aurore.
O ma muse ne pleurez pas !
A qui perd tout, Dieu reste encore.
Dieu la-haut, l'espoir ici-bas.

Les Amis disparus.

Ainsi nous mourons feuille à feuille,
Nos rameaux jonchent le sentier ;
Et quand vient la main qui nous cueille
Qui de nous survit tout entier ?

Ces contemporains de nos âmes,
Ces mains qu'enchaînait notre main,
Ces frères, ces amis, ces femmes
Nous abandonnent en chemin.

A ce chœur joyeux de la route
Qui commençait à tant de voix,
Chaque fois que l'oreille écoute,
Une voix manque chaque fois.

Chaque jour l'hymne recommence
Plus faible et plus triste à noter ;
Hélas ! c'est qu'à chaque distance
Un cœur cesse de palpiter.

Adieu les voix de notre enfance,
Adieux l'ombre de nos beaux jours !
La vie est un morne silence,
Où le cœur appelle toujours.

LAMARTINE.

Résumé. — On doit toujours se rendre à l'invitation à une cérémonie funèbre et oublier dans cette circonstance les griefs que l'on peut avoir.

Il faut entrer dans la maison mortuaire et ne pas rester dans la rue.

Les honneurs de la maison sont confiés à un ami ou à un parent éloigné.

Suivre le corbillard dans l'ordre indiqué.

Que le maintien et la tenue soient en rapport avec la circonstance.

Se découvrir et prendre une attitude convenable en rencontrant un convoi funèbre.

Faire une visite aux parents du défunt dans la huitaine qui suit le décès.

On ne rend pas de visites, on ne va pas dans le monde pendant le grand deuil.

Lorsqu'on ne fait pas de visite, on envoie sa carte.

Observer la durée des deuils suivant l'usage établi.

Vers d'Alfred de Musset et de Lamartine.

CHAPITRE XXIII

De l'Obligeance.

SOMMAIRE. — Des emprunts; soins à donner aux objets empruntés. — Reconnaissance.

« Il faut autant qu'on peut obliger tout le monde.» a dit Lafontaine ; et ailleurs : « Il se faut entr'aider, c'est la loi de nature. » Nous avons besoin les uns des autres, et dans nos rapports continuels avec nos semblables, cette loi de l'obligeance a souvent lieu de s'appliquer. Néanmoins, n'y recourons qu'avec la plus entière discrétion. Entre gens du monde, ce qu'on peut le plus se prêter, ce sont des livres, quelques objets de toilette peut-être, et ces mille petits riens à l'usage ordinaire.

Lorsqu'on vous a prêté un livre, ayez-en le plus grand soin ; d'abord en le recouvrant d'un papier, puis en évitant de le tacher, de faire des cornes aux feuillets. Rendez le livre dès que vous l'aurez lu, et dans un assez court espace de temps.

Pour les choses qui peuvent se détériorer à l'usage, mettez beaucoup de circonspection dans vos emprunts : personne ne voit avec plaisir un objet prêté revenir endommagé.

Il y a des personnes qui n'aiment pas prêter leurs livres, n'insistez pas en cela ; mais vous, prêtez de bonne grâce, vous doublerez ainsi le service rendu. Surtout ne reprochez jamais le bien que vous avez fait, vous en perdriez tout le fruit. Souvenez-vous que : « Un bienfait reproché est un bienfait perdu. »

Pour vous, n'oubliez pas les attentions dont vous aurez été l'objet : la reconnaissance est la marque distinctive des nobles âmes. Aimez toujours ceux qui se sont montrés vos amis, et témoignez-leur, en toutes occasions, que vous vous souvenez.

Les prêts d'argent entre amis sont choses des plus délicates. Rien ne froisse plus qu'un refus ; rien ne gêne plus qu'une demande de cette nature ; évitez donc l'un pour ne pas encourir l'autre. N'allez jamais jusqu'à la demande ; qu'il suffise, en certaines pénibles circonstances, de faire connaître à votre ami la situation où vous vous trouvez ; et s'il le peut et que l'obligeance soit dans sa nature, lui-même vous offrira ses services ; mais le mieux est d'éviter d'en venir là. D'ailleurs le prêt d'argent n'est pas toujours un service rendu, il y a des gens peu délicats qui en abusent.

Il faut beaucoup de tact et de sentiment dans ces sortes de choses. S'il n'y a qu'un pas du sublime au ridicule, il n'y en a pas toujours deux du bien au mal.

Il y a d'ailleurs mille façons d'obliger. L'obligeance par la bourse est loin d'être la meilleure: procurer de l'ouvrage aux ouvriers, recommander ceux qui le méritent et qui sollicitent votre appui, faire des démarches personnelles au besoin pour obtenir à la personne à laquelle vous vous intéressez l'emploi ou l'avantage espéré, payer de sa personne: en un mot, le vrai mérite de l'obligeance est là. Ouvrir le cœur vaut très souvent mieux qu'ouvrir la bourse. Il est vrai qu'il en coûte parfois davantage, mais c'est le vrai moyen de faire des heureux et de l'être vous-même, puisque selon le poète :

Le bonheur appartient à qui fait des heureux!

Et ce bonheur est absolument ignoré de l'égoïste.

Il y a dans la faculté d'obliger quelque chose qui tient à l'essence même des lois divines à l'égard de l'humanité, et qui s'y conforme, creuse une mine riche en trésors.

L'ennui, cet ennemi mortel du riche désœuvré, la plus grande plaie de la richesse, est inconnu de l'âme obligeante. Il y a tant à faire partout autour de nous, non-seulement à l'égard des pauvres, mais encore à l'égard des amis. Des consolations aux uns, de la distraction aux autres, des conseils salutaires à ceux-ci, quelques démarches en faveur de ceux-là : quel noble emploi de ses loisirs et de sa fortune ! Une grande dame patronnesse d'une œuvre de bienfaisance me disait un jour : « Si vous saviez comme au retour de mes visites à ces pauvres malades ou infirmes je me trouve heureuse chez moi ! mon intérieur me semble plus confortable, mon salon plus chaud, mes vêtements plus doux, et pourtant je n'aspire qu'à pouvoir soulager toutes les misères que j'ai rencontrées. »

Soyez donc obligeants autant que vous le pourrez, puisque :

Le plaisir d'obliger est le seul bien suprême.

Quel stimulant d'ailleurs que les vertus qui se déploient parmi ceux que la nécessité oblige au travail, à la prévoyance, à la prudence, à la résignation, au ménagement de tout, à la persévérance à la sobriété, quand ce n'est pas à la privation ! Il se

rencontre dans cette région de la société bien des
joyaux inconnus, bien des âmes sublimes !

Maintenant, sous nos pieds, il végète ignoré
Et passe inaperçu de la terre où nous sommes,
Profondément noyé dans l'océan des hommes,
N'ayant aucun moyen de sortir de sa nuit,
Et plus grand cependant que ceux qui font du bien.
. . . .
. . . . . . Ainsi qu'au fond des mers,
Dans quelque coin obscur de leurs vastes déserts,
Sous cette masse d'eau qui murmure et qui roule,
Sous ces flots que toujours le vent foule et refoule,
Loin des regards de l'homme et des feux du soleil,
Repose un joyau rare, un trésor sans pareil,
Une perle brillante, une perle divine,
Richesse ensevelie et que nul ne devine.
Si l'on pouvait descendre en son lointain séjour,
Si quelqu'un parvenait à la produire au jour,
Nous la verrions passer de sa couche d'arène
Sur le bandeau d'un roi, sur le front d'une reine.

Oui, chers lecteurs, les visites des grands aux
petits produiraient des effets sublimes ; l'un commu-
niquerait à l'autre le reflet de ses vertus, et l'on
verrait sortir de l'ombre le vrai mérite enseveli.

Comme la fleur qui pousse et meurt dans le désert,
Sans qu'on ait respiré son calice entr'ouvert.
. . . .
Pauvre perle qui dort tout au fond de la vie,
Ayant tout ce qui charme et tout ce qu'on envie.

Mais ces sortes de visites ne sont faites que par

quiconque est véritablement humain, veut le bien pour le bien et [croit à la solidarité qui nous enveloppe tous dans le même réseau! Mais hélas! « Les grands, dit La Bruyère, se piquent souvent d'ouvrir une allée dans une forêt, de soutenir des terres par de longues murailles, de dorer leurs plafonds, de faire venir dix pouces d'eau, de meubler une orangerie ; mais de rendre un cœur content, de combler une âme de joie, de prévenir d'extrêmes besoins ou d'y remédier, leur générosité ne s'étend pas jusque-là. »

RÉSUMÉ. -- Nous avons besoin les uns des autres.

Soyez très discrets a l'egard des emprunts. Soignez les objets qui vous auront été prêtés et rendez-les exactement. Ne rendez jamais un objet détérioré par vous.

Un bienfait qu'on reproche est un bienfait perdu.

Soyez toujours reconnaissants envers qui vous a obligés.

L'obligeance a des bornes ; aller au-delà c'est se rendre complice du mal.

Le plaisir d'obliger est le seul bien suprême.

Il y a mille façons d'obliger. La faculté d'obliger tient à l'essence même des lois divines et humaines.

L'ennui est inconnu des âmes obligeantes.

Les perles cachées dans l'océan du monde.

Visites des grands aux petits

CHAPITRE XXIV

Des cadeaux et de la discrétion.

Vous recevez des cadeaux avec plaisir, n'est-ce pas ? Eh bien faites en sorte de faire plaisir à ceux à qui vous en offrez, en vous rappelant que : « La façon de donner vaut mieux que ce qu'on donne. » C'est-à-dire que le principal mérite d'un cadeau consiste dans l'opportunité, dans la surprise, dans la manière de l'offrir.

Consultez les goûts, l'âge et la situation de la personne à laquelle vous offrez un cadeau. Informez-vous auprès des personnes de l'entourage, de ce qui pourrait être agréable ou *utile*. Je dis utile, car un cadeau est parfois une occasion de venir au secours d'une noble infortune.

Offrez votre cadeau en accompagnant votre offrande de paroles aimables, et de toutes les formes de la grâce : vous ajouterez ainsi une grande valeur à votre présent.

Ayez soin d'offrir votre cadeau en temps opportun : la veille de la fête ou du jour de l'an, le jour d'un départ, au commencement d'une saison, etc

Vous vous attendiez à un objet de fantaisie, à une charmante inutilité, votre mère vous offre un objet utile, montrez-vous-en également reconnaissant. De même, si l'on vous offre un objet semblable à celui que vous possédez déjà, montrez-vous surpris, lors même que vous ne le seriez pas.

Témoignez toujours un vif plaisir en recevant un cadeau ; et lorsque c'est vous qui l'avez offert, montrez-vous heureux du plaisir que vous avez fait, sans vous dérober outre mesure aux remerciements.

Evitez avec soin toute allusion à la valeur du présent offert ou reçu, ce qui serait contraire à toute délicatesse.

Pour terminer ce chapitre par un sujet qui le clora dignement, j'ajouterai quelques réflexions sur la *discrétion*.

La discrétion est un point très délicat : toute personne qui en manque fait preuve de mauvaise éducation.

Être discret, c'est avant tout ne pas chercher à

connaître les secrets d'autrui ; et, si vous les surprenez, vous devez vous efforcer de les oublier et de
garder sur ce point le silence le plus absolu. Votre
silence n'en aura que plus de valeur, puisqu'on ne
vous l'aura pas demandé.

Gardez religieusement le secret qu'on vous a confié ; que rien en vous ne le décèle, ni vos gestes, ni
vos regards, ni aucune allusion. Il faut être sévère
et scrupuleux sur ce point ; ou bien celui qui vous
l'a confié s'est trompé en vous en croyant digne.

Et non seulement un secret confié, mais encore
tout ce que vous aurez surpris ou entendu, dans les
familles où vos serez reçus, qui sans être précisément un secret, ne doit jamais être divulgué par
des personnes discrètes. Vous connaissez la fable
de La Fontaine : *Les femmes et le secret* ; le fabuliste
nous montre la chose tellement amplifiée, qu'à la fin
de la journée au lieu d'un œuf il y en avait cent. Il
en est ainsi des choses colportées ; elles se trouvent
dénaturées au point que, très souvent, il en résulte
un préjudice.

Si vous êtes jeunes, vous ne pouvez encore apprécier les choses à leur juste valeur, abstenez-vous
donc de rendre compte à des inconnus de certaines
choses que vous aurez vues ou entendues chez les

autres, votre esprit ne peut discerner ce qu'il convient de dire ou de taire.

Il peut vous arriver de vous présenter dans un salon où plusieurs personnes réunies parlent avec animation. Peut-être votre présence a-t-elle troublé une conversation intime ; le silence s'est établi depuis votre arrivée ; ayez le tact de comprendre cela et retirez-vous, lors même qu'on vous inviterait à rester. Cette invitation avait peut être pour but de vous faire sortir plus tôt. L'esprit doit pénétrer ces circonstances.

Non seulement, gardez un secret surpris ou que l'on vous a confié, mais honte à vous s'il vous arrivait de chercher à connaître le secret que l'on ne juge point à propos de vous révéler !

Il y a des personnes assez curieuses pour écouter aux portes. C'est le comble de l'indiscrétion ! C'est indigne d'une âme bien née, c'est bas, c'est vil !

« La curiosité, dit un moraliste, n'est pas un vice du cœur, c'est un défaut de caractère, qui peut devenir intolérable s'il n'est pas réprimé ; c'est une maladie dont beaucoup de gens sont atteints et qui est plutôt digne de pitié que de courroux. La curiosité et l'indiscrétion sont inséparables. »

Donc, une personne bien élevée n'est ni curieuse ni indiscrète.

Je ne saurais trop le répéter, la véritable politesse gît dans le cœur et dans l'esprit. L'observance des usages de convention constitue le savoir-vivre. Eh bien, on peut savoir vivre et ne pas être poli ; car le savoir-vivre n'est qu'une chose de forme, tandis que la politesse est une chose de fond. C'est pour cela qu'elle diffère tant selon les différentes natures : elle est en raison directe de la délicatesse de l'esprit et du cœur.

Pratiquez-la, elle vous servira : « c'est un moyen de plaire qui coûte peu et rapporte beaucoup, » dit Mme de Lambert. Elle dit encore : « avec une politesse fine, délicate, on vous passe bien des défauts, et on étend vos bonnes qualités. » C'est le fard qui cache ce qui est laid, et donne plus de relief à ce qui est beau. C'est pour cela qu'un poète a dit :

> La politesse est à l'esprit,
> Ce que la grâce est au visage.

Imprimez ces deux vers dans votre mémoire, et répétez-les souvent, afin que s'il vous arrivait d'oublier la grande vérité qu'ils expriment, vous y soyez ramenés par la force de la persuasion.

RÉSUMÉ. — Le point important pour bien faire un cadeau est l'opportunité et la surprise. Consultez les goûts, l'âge, la situation de la personne à qui vous faites un cadeau. N'offrez un objet utile qu'avec une grande délicatesse. Montrez-vous toujours heureux du présent qu'on vous a fait. Ne faites jamais allu-sion à la valeur de l'objet ou donné ou reçu.

Ne cherchez pas à connaître les secrets des autres. Si vous les surprenez, ou qu'on vous les confie, gardez-les religieusement.

Ne rendez jamais compte devant des étrangers des choses que vous avez vues ou entendues.

Si vous vous sentez importun, hâtez-vous de vous retirer.

Ecouter aux portes est le comble de l'indiscrétion.

La politesse gît dans le fond, le savoir-vivre dans la forme.

CHAPITRE XXV

Petites vertus grandes conséquences.

SOMMAIRE. — Les habitudes.— La vérité.— Le travail.— L'ordre — L'économie. — La prodigalité.— La propreté. — La simplicité. — L'honnêteté.

Grande question que celle-ci : *Les bonnes et les mauvaises habitudes !*

Les bonnes habitudes ne sont pas plus difficiles à cultiver que les mauvaises. Il en coûte toujours de mal faire, de soutenir un mensonge, de trahir un ami, de flétrir sa conscience, de se sentir constamment troublé.

On se ment à soi-même en agissant de la sorte.

Au contraire : « La vertu, comme dit Montaigne, n'est pas plantée sur un mont escarpé, raboteux et inaccessible ; qui sait son adresse peut y arriver par une route ombragée et doux fleurante. » Si vous ne

10

vous appliquez de bonne heure à pratiquer la vertu, vous ne serez jamais gens de bien.

Il faut que les bonnes habitudes passent dans votre éducation par les mille filières qui nourrissent l'âme et le cœur, comme le sang, qui circule dans nos veines, nourrit le corps.

> Soit pure sous les cieux comme l'onde et l'aurore,
> Comme le joyeux nid, comme la tour sonore,
> Comme la gerbe blonde amour du moissonneur,
> Comme l'astre incliné, comme la fleur penchante,
> Comme tout ce qui rit, comme tout ce qui chante,
> Comme tout ce qui dort dans la paix du Seigneur.

Si vous vous laissiez glisser sur la pente du mal, vous apprendriez, mais trop tard, que le mal est honteux, puisque celui qui le commet le cache : le mal, c'est l'ombre, c'est la nuit ; le bien, c'est la lumière, c'est le grand jonr.

Soyez vrais :

> Rien n'est beau que le vrai, le vrai seul est aimable !

dit Boileau.

Un autre poète s'écrie :

> Tous les cœurs vraiment beaux laissent voir leur beauté !

Jésus-Christ lui-même a dit : « Je suis la vérité ! Celui qui me suit ne marchera pas dans les ténèbres. »

Les plus belles natures sont aussi les plus franches et les plus sympathiques.

Croyez-vous que le paresseux soit aussi heureux que le travailleur ? Avec la paresse, vous êtes voués à l'ignominie et à la pauvreté ; avec le travail, vous êtes l'espérance de tous, comme vous en serez peut-être un jour la gloire. La richesse et les honneurs attendent l'homme actif dans l'avenir.

> . .   . . Dieu, vois-tu,
> Fit naître du travail que l'insensé repousse,
> Deux filles : la vertu qui fait la gaîté douce,
> Et la gaîté qui rend charmante la vertu.

Après le travail, viennent l'ordre, l'économie : deux vertus qui rendent la maison prospère et féconde. Sans ordre, sans économie, ai-je lu quelque part, il n'y a pas d'assez grandes fortunes ; tandis qu'avec ces deux vertus, il n'y en a pas de trop petites. Combien de grandes fortunes ne se sont-elles pas dissipées, faute d'ordre et d'économie ! Combien de petites maisons, au contraire, ont grandi à l'ombre de ces deux principes ! Les hommes les portent dans les affaires, et les femmes, dans la direction de leur maison. Avec de l'ordre, on ne perd pas de temps, on ne commet guère d'erreurs.

La nature elle-même nous en offre l'exemple, en nous montrant partout combien le Créateur a mis d'ordre dans l'ensemble de ses ouvrages. Voyez donc si quelque chose se dérangeait dans l'organisation su-

blime de la nature; si le soleil allait trop s'éloigner;
si une comète s'approchait trop de nous ; si la gelée
nous arrivait à l'approche de la moisson; si, un
instant, l'air venait à nous manquer : mais ne
craignez rien, Dieu n'a pas de distractions.

Quant à l'économie, que de superflu chez les riches
pourrait devenir le nécessaire des pauvres ! Ainsi,
croiriez-vous qu'en laissant brûler inutilement
chaque jour une bougie, pendant deux heures, il
vous en coûtera 27 francs par an? par la raison
que vous aurez brûlé dix-huit livres de bougie à
1 fr. 50! Ces petits morceaux de pain que l'on a
l'habitude de laisser à chaque repas, produisent environ par personne quarante-huit livres de
pain chaque année! C'est-à-dire ce qu'il faut pour
nourrir pendant un mois une femme et un enfant.
Voyez comme les petits ruisseaux font les grandes
rivières. L'économie amène l'aisance dans une maison ; cette économie bien entendue qui consiste dans
cet axiome : « rien de trop ! » elle doit porter sur
toutes choses, et sans que personne en souffre ; au
contraire, les pauvres y gagneront. Ce vieux vête-
ment que vous ne portez plus sera recoupé, refait
pour un enfant pauvre ; ces quelques morceaux de
sucre que vous mettez en trop dans vos aliments,
un pauvre malade les recevrait avec tant de recon-

naissance ! Ces petits sous que l'on dépense inutilement, rempliraient chaque année une tire-lire qui permettrait de venir en aide aux nécessiteux. Plus vous êtes riches, plus la somme serait grande, et aussi la somme des bénédictions que vos bonnes œuvres vous attireraient d'en haut. La prodigalité, au contraire, fait faire mille sottises et devient une source de chagrins. A force de jeter votre argent pour rien, vous n'en auriez plus pour quelque chose. Vous seriez hantés par tous ceux qui, espérant profiter de vos largesses, vous entraîneraient bientôt hors de la bonne voie. Le prodigue, d'ailleurs, se ruine à bref délai, et souvent avec sa bourse, il ruine son honneur et sa santé.

Vous parlerai-je de la propreté, le seul luxe qui ne soit pas malsain ? oui, sans doute : d'abord parce qu'elle entretient la santé, car vous n'ignorez pas que la malpropreté engendre bien des maladies physiques, et morales aussi : on fuit les gens malpropres. Vous tous, qui me lisez, petits et grands, riches et pauvres, je ne saurais trop vous recommander de ne compter que sur vous-mêmes pour les soins quotidiens nécessaires à votre personne, à vos vêtements, à tout ce qui vous concerne. Comme on respire à l'aise dans une maison propre, fût-elle sans le moindre ornement ! Ce parloir de couvent, orné

seulement de quelques chaises de paille, dont les vitres
souvent sont peintes et nues, est cent fois plus gai,
plus brillant, plus sain, plus agréable que ces pièces
où, avec l'apparence d'un certain luxe, règne au fond
du désordre et une propreté douteuse. Cette jeune
fille, mise avec la plus extrême simplicité, dont les
vêtements soignés attestent l'ordre, n'est-elle pas
cent fois mieux que cette autre dont le riche costume est froissé ?

Cela m'amène naturellement à vous recommander
la simplicité, mes chères jeunes filles.

Sois toujours douce, honnête, affable et sage ;
D'une coquette, évite l'art flatteur ;
Que la candeur peinte sur ton visage,
Fasse juger des vertus de ton cœur.

Quand le matin tu vois briller la rose,
Songe qu'au soir elle n'existe plus ;
Un seul moment de la beauté dispose,
On est toujours belle avec des vertus.

Si le malheur te suit dans ta carrière,
Arme ton cœur d'une noble fierté ;
On est timide alors qu'on désespère,
Un front serein brave l'adversité.

Mais si le ciel t'accorde l'opulence,
Et des jours purs, par les plaisirs tracés,
Ouvre ton âme à l'honnête indigence,
Et que par toi les pleurs soient effacés.

Résumé. — Les bonnes habitudes sont plus faciles à cultiver que les mauvaises.

La douceur rend plus heureux que la colère ; la vérité, que le mensonge.

L'homme est né pour le travail.

> Le travail, aux hommes nécessaire,
> Fait leur félicité plutôt que leur misère.

Les conséquences de la paresse sont désastreuses pour la vie entière.

L'ordre et l'économie sont les sources de la prospérité de la maison. L'économie produit l'aisance dans la maison. L'ordre de l'Univers est merveilleux.

Le superflu des riches ferait le nécessaire des pauvres.

Ne gaspillez pas.

La prodigalité produit la ruine de la maison, et souvent de l'honneur et de la santé.

La propreté est le seul luxe qui soit à sa place.

La malpropreté engendre bien des maux. Ne comptez que sur vous pour les soins du corps.

La tenue d'une jeune fille doit être simple ; c'est une grande recommandation.

CHAPITRE XXVI

Du caractère.

> « Un homme doué d'une grande bonté ne
> « peut manquer de politesse, car elle est dans
> « sa nature.

La bonté est de toutes les vertus celle qui donne le plus de charme, et qui vous fera le mieux réussir dans le monde, car elle désarme tout, jusqu'à l'envie. « Offrez donc en hommage à Dieu la bonté, c'est de tous les dons le plus agréable à ses yeux, et celui qui provoque le plus sa munificence. »

Mademoiselle de France, sœur d'un de nos rois, était si parfaitement bonne qu'elle ne souffrait pas que l'on dît devant elle du mal de personne. Elle

avait eu à se plaindre grièvement d'une dame de la
cour, et sa femme de chambre pensant lui être
agréable, se mit à lui dire beaucoup de mal de cette
dame :

— Chut! chut! Julie, ne dites pas de vilaines
choses comme cela.

— Mais, madame, vous savez bien que je dis la
vérité.

— Je ne veux pas savoir des vérités de ce genre.

— Cette femme vous a grièvement offensée.

— Je ne m'en souviens plus.

— Elle est votre ennemie mortelle.

— Moi, je ne suis l'ennemie de personne.

— Comment! je ne puis rien dire de ceux qui vous
veulent du mal?

— Non!

— Pas même du diable?

La princesse hésita un instant, et répondit :

— Julie, il ne faut dire du mal de personne.

Aussi, Mademoiselle était-elle aimée jusqu'à l'a-
doration de tous ceux qui l'entouraient.

Mais il est un parfum céleste,
Plus fécond encore en douceur,
Qui d'une fleur simple et modeste
Peut faire une divine fleur ;
Arôme du lys angélique,
Baume de la rose mystique,

Par la terre, au ciel emprunté,
Comme l'encens des sacrifices
Il répand de saintes délices,
Et ce parfum, c'est la bonté.

Eh bien! la bonté c'est le fond d'un bon caractère, et si l'un d'entre mes lecteurs inclinait vers le mauvais caractère, qu'il se hâte de changer de voie, car il court à son malheur.

On peut supporter beaucoup de maux, mais on ne saurait vivre avec un mauvais caractère, il empoisonne tout.

Quels sont donc les traits distinctifs d'un bon et d'un mauvais caractère? Je réponds à cette question, en vous faisant les portraits de Jacqueline et de Pierrette.

Jacqueline est indulgente, c'est-à-dire que, comme Mademoiselle, elle excuse les torts que les autres peuvent avoir envers elle. Elle est bienveillante pour tout le monde, et par là, disposée à rendre tous les services possibles. Elle songe toujours à être agréable aux autres, et ne s'irrite pas des épreuves qu'elle rencontre. Elle est d'humeur égale, gaie, enjouée, prenant toujours le bon côté des choses. Aussi, vit-on autour d'elle comme dans une atmosphère sereine. On lui voit toujours le sourire sur les lèvres, car le sourire est ordinairement le reflet d'un bon cœur. Jacqueline a un bon caractère.

> Sois joyeuse, la foi vit sans l'austérité.
> Un des reflet du ciel, c'est le rire des femmes.
> La joie est la chaleur que jette dans les âmes
> Cette clarté d'en haut qu'on nomme vérité.

Pierrette, au contraire, est toujours maussade, sombre, difficile et tourmente toute la maison. Elle trouve à redire à tout, n'est jamais contente de rien, et se plaint sans cesse. Elle n'est de l'avis de personne : si l'on dit blanc, elle soutient noir. Elle dit du mal de ceux dont on dit du bien. Elle vante, au contraire, ceux que l'on blâme. Elle est susceptible, le moindre mot l'offusque. La vie, avec elle, se passe dans les taquineries, les bouderies, les querelles ; c'est un véritable enfer ! et, cent fois le jour, on dit tout bas, et on lui dit quelque fois tout haut : quel être insupportable!... Pierrette a un mauvais caractère.

Une personne d'un bon caractère est aimée de tous; elle empêche les querelles, dit une bonne parole, donne un sage conseil, apaise, en un mot, les querelleurs.

Et n'allez pas dire surtout lorsqu'on vous reproche quelque chose : Que voulez-vous, c'est mon carac-

— C'est votre caractère, mon pauvre ami ! Eh

bien! s'il est mauvais, ne pouvez-vous pas le changer? attendez-vous pour cela que le mal ait tellement pris racine, qu'on ne puisse plus l'extirper? On
peut arrêter un filet d'eau, on n'arrête pas un grand
fleuve.

Et si vous ne voulez pas être à jamais malheureux, et rendre malheureux tous ceux de votre en
tourage, eh bien! faites un généreux effort et corri-
gez-vous. Vous êtes assez intelligent pour en comprendre la nécessité, et assez courageux, à l'occasion,
pour employer à la correction de ce vilain carac
tère, toute votre intelligence et toute la somme de
courage dont vous pouvez disposer. Ne cherchez pas
à tout corriger à la fois, vous n'y parviendriez pas,
mais attachez-vous à une seule chose : par exemple,
à la bouderie.

Ce n'est pas par ce côté qu'il faut ressembler à
Achille; dites-vous, au contraire : je boude trop souvent, j'en suis malheureux et les autres aussi. Allons!
je prends la ferme résolution de ne plus bouder,
et lorsque l'envie m'en prendra, ce sera le moment
de la lutte, eh bien! je triompherai, et ne bouderai
pas; et, par une seule bonne parole, vous coupez
court à cette vilaine bouderie qui détruit tout le
charme que vous pouvez avoir. Ensuite vous atta-
querez un autre côté, celui, par exemple, de trouver

11

à redire à tout. Il faut de l'indulgence lorsqu'on vit
en société, et si vous n'en avez pas, vous montrez
par là que vous n'êtes pas sociable. Pourquoi ne fe-
riez-vous pas comme Franklin, dont les lignes suivantes vous indiqueront avec quelle vigueur il s'at-
tacha à se corriger lui-même de ses défauts ?

« Dans ma jeunesse, dit-il, je conçus le difficile et
hardi projet d'arriver à la perfection morale. Je désirais me préserver de toutes les fautes dans lesquelles un penchant naturel, l'habitude ou la société
pouvaient m'entraîner. Ce fut dans ce dessein que
j'essayai la méthode suivante.

« Je réunis sous douze noms de vertus, telles que
l'humilité, la tempérance, le travail, l'économie, la
sincérité, la justice, etc., tout ce qui se présenta à
moi comme nécessaire ou désirable.

« Mon dessein étant d'acquérir l'habitude de toutes
ces vertus, je résolus de m'appliquer plus particulièrement pendant le cours de chaque semaine à
l'une d'entre elles, sans négliger les autres.

« Pour cela, je fis un petit livre de douze pages,
portant chacune en tête le nom d'une de ces vertus.
Je réglai chaque page en encre rouge, de manière à
y établir sept colonnes, une pour chaque jour de la
semaine, mettant au haut de chaque colonne le nom
d'un des sept jours. Je traçai ensuite douze lignes

transversales ; au commencement de chacune des-
quelles j'écrivis le nom d'une des douzes vertus.
Sur cette ligne et à la colonne du jour, je faisais une
petite marque d'encre pour noter les fautes que, d'a-
près mon examen de conscience, je reconnaissais
avoir commises.

« Ainsi, je pouvais faire un cours complet en douze
semaines et le recommencer quatre fois par an. De
même qu'un homme qui veut nettoyer un jardin ne
cherche pas à en arracher toutes les mauvaises herbes
en même temps, ce qui excèderait ses moyens et ses
forces, mais commence d'abord par une des plates-
bandes, pour ne passer à une autre que quand il a
fini le travail de la première ; ainsi, j'espérais goûter
le plaisir encourageant de voir dans mes pages les
progrès que j'aurais faits dans la vertu par la dimi-
nution successive du nombre des marques, jusqu'à
ce qu'enfin après avoir recommencé plusieurs fois,
j'eusse le bonheur de trouver mon livret tout blanc
après un examen journalier pendant douze semaines.

« Je me mis donc à exécuter ce plan ; je fus surpris de me trouver beaucoup plus rempli de défauts
que je ne l'avais imaginé ; mais j'eus la satisfaction
de les voir diminuer.

« Il peut être utile que mes descendants sachent

que c'est à ce moyen qu'un de leurs ancêtres, aidé de la grâce de Dieu, a dû le bonheur constant de toute sa vie, jusqu'à sa soixante-dix-neuvième année, dans laquelle il écrit ces pages. »

Eh bien! lecteurs, Franklin est parvenu à se corriger, tant il avait d'énergie dans la volonté. Faites comme lui, et qu'il ne vous arrive plus de répondre: Que voulez-vous ? c'est mon caractère !

Pythagore prescrivait à ses disciples de rentrer tous les soirs quelques instants en eux-mêmes et de se faire ces questions : *Quel emploi ai-je fait de ma journée? Dans quels lieux suis-je allé? Quelles personnes ai-je vues? Qu'ai-je fait?*

Un autre philosophe recommandait d'ajouter : *De quel vice me suis-je corrigé aujourd'hui? A quel défaut ai-je livré la guerre? Par quel endroit suis-je devenu meilleur ?*

Je me sers de cette méthode, dit Sénèque, et il ne se passe pas un jour que je ne plaide ma propre cause au tribunal de ma conscience. Lorsque ma lumière est éteinte, je fais mon examen sur la journée entière, et je pèse toutes mes actions et toutes mes paroles; je ne me cache rien à moi-même, et, comme un juge inexorable, je ne me pardonne rien.

Je ne veux pas terminer cette leçon sur une note sombre, aussi je me hâte d'égayer la fin de ce cha-

pitre, en vous citant en entier quelques charmantes
poésies que vous mettrez au fond de votre cœur,
comme des perles au fond d'un écrin.

Conseils à une Jeune Fille.

Laisse-toi conseiller par l'aiguille ouvrière
Présente à ton labeur, présente à ta prière,
Qui dit tout bas : « *Travaille* ! » Oh! crois-la ! Dieu, vois-tu
Fit naître du travail, que l'insensé repousse,
Deux filles : la vertu, qui fait la *gaîté* douce,
Et la gaîté, qui rend charmante la *vertu* !

Sois pure sous les cieux ! comme l'onde et l'aurore,
Comme le joyeux nid, comme la tour sonore,
Comme la gerbe blonde, amour du moissonneur,
Comme l'astre incliné, comme la fleur penchante,
Comme tout ce qui rit, comme tout ce qui chante,
Comme tout ce qui dort dans la paix du Seigneur!

Sois calme. Le repos va du cœur au visage ;
La tranquillité, fait la majesté du sage.
Sois joyeuse. La foi vit sans l'austérité ;
Un des reflets du ciel, c'est le rire des femmes ;
La joie est la chaleur qui jette dans les âmes
Cette clarté d'en haut qu'on nomme Vérité.

Sois bonne. La bonté contient les autres choses.
Le Seigneur indulgent sur qui tu te reposes,
Compose de bonté le penseur fraternel.
La bonté, c'est le fond des natures augustes.
D'une seule vertu, Dieu fait le cœur des justes ;
Comme d'un seul saphir, la coupole du ciel.

Ainsi, tu resteras, comme un lys, comme un cygne,
Blanche entre les fronts purs marqués d'un divin signe ;
Et tu seras de ceux qui, sans peur, sans ennuis,
Des saintes actions amassant la richesse,
Rangent leur barque au port, leur vie à la sagesse,
Et, priant tous les soirs, dorment toutes les nuits !

VICTOR HUGO.

Riez ! Jeune Fille.

Vous qui ne savez pas combien l'enfance est belle,
Enfant, n'enviez point notre âge de douleurs,
Où le cœur tour à tour est esclave et rebelle,
Où le rire est souvent plus triste que vos pleurs.

Votre âge insouciant est si doux qu'on l'oublie !
Il passe comme un souffle au vaste champ des airs,
Comme une voix joyeuse en fuyant affaiblie,
Comme un alcyon sur les mers.

Oh ! ne vous hâtez point de mûrir vos pensées !
Jouissez du matin, jouissez du printemps ;
Vos heures sont des fleurs l'une à l'autre enlacées ;
Ne les effeuillez pas plus vite que le temps.

Laissez venir les ans ! le destin vous dévoue,
Comme nous, aux regrets, à la fausse amitié,
A ces maux sans espoir, que l'orgueil désavoue,
A ces plaisirs qui font pitié !

Riez pourtant ! du sort ignorez la puissance ;
Riez ! n'attristez pas votre front gracieux,
Votre œil d'azur, miroir de paix et d'innocence,
Qui révèle votre âme et réfléchit les cieux !

VICTOR HUGO.

Le Nid et le Berceau.

Oh ! savez-vous pourquoi je l'aime,
Ce nid perché sur le rameau ?
C'est qu'il est le touchant emblème
    De mon berceau.

C'est qu'en le contemplant je rêve
A ma mère, à son cœur aimant,
A sa tâche, sans paix ni trêve,
    De dévouement.

C'est qu'il est la charmante image
De ma vie à son frais matin ;
C'est qu'il me parle le langage
    Du temps lointain.

C'est qu'il reporte ma pensée
Du chemin nu que je parcours,
A la richesse dépensée
    De mes beaux jours.

C'est qu'au début la vie enchante ;
Au nid de mousse tout fleurit,
Comme auprès du berceau tout chante
    Et tout sourit.

C'est que là, tout est riant songe,
Que tout s'y cache sous des fleurs,
Trait qui tue et chagrin qui ronge,
    Deuil et douleurs !

Berceau ! Nid ! l'un rappelle l'autre,
Le faible enfant, le frêle oiseau,
Le monde des airs et le nôtre.....
    Nid et berceau.

Mme FRANCISQUE DUCROS.

RÉSUMÉ. — La bonté est le fond d'un bon caractère. Elle désarme jusqu'à l'envie. Bonté de Mademoiselle de France.

Ne souffrez pas qu'on dise du mal des autres devant vous.

On ne saurait vivre avec un mauvais caractère.

Jacqueline, qui a un bon caractère, est indulgente, bienveillante agréable à tous, patiente, d'humeur égale, gaie; le sourire est le reflet d'un bon cœur.

Pierrette, qui a un mauvais caractère, est maussade, colère, boudeuse; elle trouve à redire à tout, n'est jamais contente de rien, n'est de l'avis de personne ; elle est susceptible, elle est taquine, querelleuse : c'est un être insupportable.

Tout le monde aime un bon caractère. Si votre caractère est mauvais, il faut le modifier, si vous ne voulez pas être à jamais malheureux.

Il faut du courage pour se corriger. Extirpez le mal peu à peu Profitez de l'exemple du bon Franklin, et marquez d'une croix rouge toutes les fautes de chaque jour.

Poésies. — Conseils à une jeune fille. — Riez! jeune fille. — Nid et berceau.

CHAPITRE XXVII

Quelques types à éviter.

SOMMAIRE. — Attitude répréhensible de certains jeunes gens. — La jeune génération doit les répudier. — Avantages de la politesse pour les jeunes gens. — *Rara avis.*

On rencontre parfois dans le monde des jeunes personnes qui s'y posent avec tout l'aplomb de personnes âgées; elles dissertent sur toutes choses, voire même sur la politique, avec toute l'autorité du savoir et de l'expérience qui cependant leur font défaut. Elles se bottent à l'écuyère, vont à la chasse, vont au patinage, entrent dans un salon tête haute, verbe haut, donnent leur main à droite et à gauche; elles ne sont rien moins qu'impertinentes, et suscitent à l'esprit des personnes sensées qui les observent, les plus tristes réflexions. Que sera, dans la vie, une femme qui aura débuté de cette façon dans le monde ?

11.

Beaucoup de jeunes gens affectent de ne s'astreindre à aucune des lois de la politesse, qu'ils semblent dédaigner au point que, règle générale, on ne trouve plus de politesse que parmi les vieillards.

Ah, *jeune France* ! pensez-vous régénérer ainsi cette nation autrefois la plus polie de toutes, et qui semble maintenant laisser tomber de son front cette couronne de reine ?

La France, qui veut renaître d'une vie nouvelle, compte pour cela sur la jeune génération, et cette nouvelle génération semble mépriser la politesse! les bonnes manières! le savoir vivre! ce ciment de toute bonne société que nous voudrions voir pénétrer jusque dans les moindres villages.

Vous qui lisez ces lignes, n'imitez pas ces tristes modèles ; et, lorsque vous verrez une jeune personne sans modestie, comme celle que je vous citais au début de ce chapitre, un jeune homme qui parle une langue d'argot, qui s'étend au lieu de s'asseoir, qui n'a de déférence que pour la richesse, qui tient des propos révoltants, parlant de chevaux, de chasse, et ne trouvant jamais le temps d'être poli, ah ! répudiez-les et témoignez-leur les sentiments qu'ils doivent vous inspirer !

Les jeunes gens qui n'appartiennent pas aux familles riches n'aspirent qu'à le devenir. Tout ce qui ne rapporte rien ne compte pas. Ils ne savent pas combien la politesse qu'ils dédaignent les aiderait à faire leur chemin, combien elle leur ouvrirait de carrières que leur grossièreté leur tient fermées. Ne voyons-nous pas des jeunes gens, assez médiocres d'ailleurs, réussir dans le monde et même dans les affaires, mieux que d'autres qui, semble-t-il, n'avaient qu'à se présenter pour obtenir le succès ? Ils ont cru que l'éclat de leur nom, ou la solidité commerciale de leur maison leur garantissant suffisamment le succès espéré, ils n'avaient personnellement rien à faire qu'à se montrer ; ils se sont trompés. D'autres, au contraire, ont été remplis d'égards, d'attentions délicates, s'efforçant de ne froisser personne, de rendre mille petits services autour d'eux. En un mot, ceux-ci ont été charmants et ceux-là désagréables.

Les jeunes gens qui considèrent la politesse comme une chose de peu d'importance, qui sautent à pieds joints sur tout ce que leurs ancêtres, sous ce rapport, ont estimé, ceux dont les habitudes sont en opposition directe avec les plus simples lois du savoir-vivre, tous ces jeunes gens présomptueux marchent dans la vase et s'y engloutiront! Tandis que ceux qui prennent de bonne heure l'habitude de la politesse, des bonnes manières, qui respectent les usages adoptés dans le monde, s'habituent tout simplement à la pratique de la vertu. Leur caractère s'assouplit et se forme avec le désir de plaire, de se rendre utiles, de se dévouer à tous. Ils témoignent aux autres, en toute occasion, que leur propre satisfaction passe en dernière ligne. Grâce à ces efforts, les caractères les plus âpres s'adoucissent, l'humeur à laquelle on ne cède pas disparaît, on finit par être apprécié de tous, et le succès en toute chose est assuré. Je citerai à ce propos quelques lignes d'un auteur justement estimé : « A notre époque, un jeune homme parfaitement poli avec tout le monde, même avec les inconnus, avec les inférieurs, *est un phénomène charmant.* Lorsqu'on en rencontre un qui ne s'arroge pas, de par le droit du plus fort, la meilleure place, qui sait la céder de bonne grâce lorsqu'il la possède, qui ne vénère pas uniquement la richesse ou ses apparences, on s'arrête avec surprise et l'on se dit avec attendrissement, en tous cas avec reconnaissance : voilà un homme bien élevé! L'exclamation contraire est-elle donc si flatteuse, qu'on la recherche avec obstination?... »

Jeunes gens efforcez-vous de devenir ce *rara avis* que l'on appelle un jeune homme poli, et vos efforts seront couronnés, soyez-en bien certains.

RÉSUMÉ. — Les jeunes filles ne doivent pas se présenter avec trop d'aplomb.

Les jeunes gens qui dédaignent les lois de la politesse ne sont pas dignes d'être français.

La Jeune France doit songer à la régénération du pays.

Fuyez les mauvais exemples qui vous sont donnés par ces jeunes gens présomptueux.

Indépendamment du bonheur, il y aurait beaucoup plus d'avantage à être aimable et poli qu'à ne pas l'être.

L'éclat du nom et la solidité de la maison ne suffisent pas toujours à assurer le succès. Il faut y joindre la politesse.

Les caractères les plus âpres s'adoucissent en présence de l'amabilité.

Un jeune homme bien élevé et réellement poli est un merle blanc qu'on cherche souvent sans le trouver.

CHAPITRE XXVIII.

A la jeune France.

La leçon de l'exemp e est toujours la meilleure.

Où que vous soyez, jeunes filles et jeunes gens,
souvenez-vous de l'axiome qui précède et donnez le
bon exemple. Il vous siérait mal de vous poser en
Mentor : les actions dans ce cas valent cent fois mieux
que les paroles. Cependant lorsque vous êtes entre
vous, vous pouvez vous rendre, sous ce rapport, de
mutuels services ; vous êtes jeunes encore, vous
vous préparez au rôle d'homme ; vous ne tarderez
pas à faire votre entrée dans le monde, dans la vie
active. Soyez polis entre vous et contractez ces bonnes

habitudes dont l'ensemble formera vos mœurs et votre caractère, deux choses qui font échouer ou réussir dans la société.

Soyez mutuellement indulgents. Les jeunes filles sont moqueuses parfois, ce qui les rend cruelles en certaines circonstances ; qu'elles évitent cette pente dangereuse.

Vous avez entre vous une autorité que professeurs et parents n'ont pas toujours au même degré. Vous êtes égaux en âge, en situation, puisque aucun de vous n'occupe encore la place qui le classera plus tard ; beaucoup vivent dans la même dépendance, obéissent au même réglement, conseils et reproches ont dans ce cas une portée que n'ont pas ceux de vos supérieurs. Usez de cet avantage pour le plus grand bien de vos camarades que vous pouvez arrêter sur une pente glissante. Mais je le répète, le mieux, en pareil cas, c'est de donner le bon exemple. Montrez une humeur enjouée, une grande franchise, une parfaite égalité de caractère, un zèle infatigable au travail, une grande délicatesse sur le point d'honneur. Et non seulement donnez le bon exemple, mais encore suivez les bons exemples qui vous sont donnés.

On est trop enclin, dans le monde des adultes, comme dans le monde des écoliers, à regarder les

gens par leur méchant côté; on remarque les défauts des autres, et non leurs bonnes qualités:
vous, jeunes gens, faites le contraire. Il y a dans
chacun de vous quelque chose de bon, et c'est le
côté par lequel il faut considérer vos camarades.

L'histoire nous apprend que Praxitèle voulant
créer une statue, examina avec soin toutes les plus
belles personnes d'Athènes : l'une avait des yeux su-
perbes, l'autre un profil irréprochable, la troisième un
teint éclatant, celle-ci des yeux incomparables, celle-
là une bouche ravissante; alors de ces diverses perfections réunies, il composa son chef-d'œuvre.

Eh bien, imitez ce grand artiste pour vous sculp-
ter vous-mêmes, pour devenir des jeunes personnes,
des jeunes gens accomplis. Façonnez-vous sur ce
que vous trouverez de beau dans les autres : imitez
la douceur de celui-ci, le zèle de celui-là, la persévérance de l'un, le courage de l'autre, la générosité
de Pierre, la discrétion de Paul, la délicatesse de
Jean et l'incomparable bonté de Jacques. Toutes ces
qualités réunies feraient une personne accomplie.
Et quelle chose plus belle dans un groupe que cette
contagion du bien ! Ce serait réaliser l'idéal.

Oui, s'unir pour le bien dans l'enfance et la jeunesse, comme dans l'âge mûr, ce serait donner de

la valeur à ceux mêmes qui n'en ont pas. Je m'explique :

Les uns sont faibles et se laissent facilement entraîner vers l'une ou l'autre pente ; c'est, auprès d'eux, le plus fort ou le plus éloquent qui l'emporte ; ils n'ont ni le courage, ni la force de résistance, c'est pourquoi ils se mettent volontiers du côté de celui qui les soutient. Si vous les menez au bien, quelle belle victoire n'aurez-vous pas remportée ! Quelle honte au contraire pour ceux qui les induiraient à mal faire ! et il s'en trouve, hélas !

Et puis, il y a les déshérités ! Il **y a**, dans toute agglomération nombreuse, de pauvres souffre-douleurs qu'il est du devoir des bons cœurs de protéger. L'un est infirme, l'autre est dépourvu d'intelligence, celui-ci est d'une timidité excessive ; celui-là, qui est gauche et maladroit, est l'objet des railleries des autres ; montrez-vous toujours les amis, et, à l'occasion, les protecteurs de ceux-là ; vous vous en ferez chérir, et vous verrez que vous les aimerez aussi, en raison directe du bien que vous leur ferez.

En prenant de bonne heure cette direction, vous assurerez votre carrière ; car si vous semez le bien, vous recueillerez le bien.

Soyez prompts à vous dévouer à vos camarades, un

service rendu lentement, et comme à regret, perd sa
plus grande valeur.

Il y a des sacrifices d'amour-propre qui honorent
celui qui les fait : on veut faire prévaloir son avis,
un rival l'emporte ; on n'est que le second. Vous
aurez si souvent à souffrir de ces mécomptes dans
la vie, qu'il est bon de vous exercer de bonne heure
à supporter ces épines du chemin.

Je crois inutile ici de flétrir la dénonciation qui
est le fait d'une vile nature et d'un ignoble caractère ! Supportez une peine même imméritée, mais
gardez à ce prix le secret de votre camarade.

Jeunes gens, vous êtes la génération qui va suivre,
qu'un patriotisme généreux vous anime ! *Sursum
corda !* regardez en haut ! Inspirez-vous de grands,
de nobles sentiments ; n'êtes-vous pas l'espérance
de la nation ? Que cette devise : *En avant !* reste par
vous la devise de la France. Mais il faut pour cela que,
aux qualités requises pour le progrès actuel, vous
joignez celles qui firent le prestige incontestable de
vos aïeux : je veux dire l'urbanité, la politesse exquise,
le bon ton, l'esprit fin et délicat qui rendirent la nation française la première des nations du monde.

Qu'un certain nombre d'entre vous donnent
l'exemple, les autres suivront.

On peut être héros sans ravager la terre.

Soyez, vous, des héros de la civilisation ; entraînez
à votre suite tous ceux qui subissent votre influence,
ceux que la sympathie ou la confiance rendent vos
imitateurs.

Et vous jeunes filles, plus encore peut-être, vous
pouvez travailler au progrès de la France par la civilisation. Les femmes du monde sont des centres autour desquels la société tout entière rayonne. Faites
donc ce pourquoi l'on travaille avec tant de sollicitude et de soin à votre éducation. Relevez les mœurs.
Que les salons brillent comme au temps où les lettres
et les arts s'y inspiraient. Que toute la jeunesse
actuelle travaille pour atteindre ce but auquel elle
n'arrivera pas sans énergie, sans volonté, sans
efforts :

Aucun chemin de fleurs ne conduit à la gloire.

Les générations sont les degrés par lesquels un
pays s'abaisse ou s'élève.

RÉSUMÉ. — L'ensemble de vos habitudes formera vos mœurs.
Soyez prompts à servir vos amis.
Pas de merci pour les vicieux.
Vous possédez, en tant qu'amis, une véritable autorité dont il
faut faire usage à l'occasion.
La leçon de l'exemple est toujours la meilleure.
Habituez-vous à étudier les bonnes qualités des autres plutôt
que leurs défauts, et tâchez de les imiter dans ce qu'ils ont de bon.
Unissez-vous pour le bien, vous donnerez de la valeur à ceux

qui n'en ont pas, en les entraînant après vous dans la meilleure voie.

Faites-vous les amis des déshérités.

La vertu est plus facile à pratiquer que le vice.

C'est à la jeune France à travailler aux progrès de la civilisation.

En avant! est la devise de la France.

Les femmes plus encore que les hommes peuvent exercer une grande influence sur les mœurs et la civilisation.

DEUXIÈME PARTIE

SAVOIR PARLER

CHAPITRE PREMIER

De l'esprit de conversation.

SOMMAIRE. — En quoi consiste l'esprit. — Le cœur et l'esprit. — Évitez les discussions religieuses et politiques. — Le sujet de la conversation est dans l'objet de la visite que l'on fait. — Ne pas parler de soi-même. — Faire valoir les autres.

> « Qui discute a raison et qui dispute a tort. »

La conversation est une broderie exécutée sur un canevas préparé dès longtemps par l'étude et l'expérience de la vie. Il n'est donc pas donné à tous de savoir causer sur toutes choses; mais avec du sens commun, un peu de jugement et du cœur, on s'en tire généralement bien.

Pour bien causer, il faut tout d'abord ne pas viser à l'esprit, car :

> L'esprit qu'on veut avoir, gâte celui qu'on a.

On ne fait pas de l'esprit, on en a ou l'on en man-

12

que. Il se manifeste de lui-même par le charme qu'il imprime au langage; mais lorsqu'il fait défaut, plus on le cherche, moins il se montre.

Il n'y a que le cœur qui supplée au manque d'esprit, et, quand la bouche parle de l'abondance du cœur, on dit toujours quelque chose de bon.

Évitez les discussions religieuses et politiques, qui d'ailleurs sont inutiles; vous ne convertirez personne, et chacun retournera chez lui avec la conviction qu'il avait apportée.

Ces deux sujets passionnent trop, sont trop irritants, pour que, en les traitant, on reste toujours sur le terrain de la stricte politesse.

Je vous disais plus haut : que votre conversation soit en harmonie parfaite avec vos interlocuteurs; je m'explique : Mettez les gens sur leur terrain, c'est-à-dire, parlez-leur d'eux-mêmes et de ce qui peut les intéresser; vous aurez par cela même l'esprit d'en communiquer aux autres, c'est-à-dire que vous ne trouverez jamais de sots.

Vous êtes avec un paysan, parlez-lui des récoltes, des semailles, du jardinage, du terrain de son pays ; il deviendra causeur, vous dira ce qui convient ou ne convient pas à telle terre; il sera intéressant, et vous n'aurez plus qu'à l'écouter. Car, il ne suffit pas de savoir parler, il faut aussi savoir écouter, on apprend beaucoup de cette manière, et le plus rustre pourra vous enseigner quelque chose.

Un soldat vous racontera ses campagnes, les pays qu'il a parcourus, les faits d'armes auxquels il a participé, sans pourtant vous dire, avec La Rissole :

> J'étais dans le combat où Ruyter fut tué,
> J'allai chercher le feu que l'on mit à l'amorce
> Du canon qui lui fit rendre l'âme par force.

Nos obscurs héros en font bien davantage sans se vanter.

Un ouvrier vous parlera de son travail, des matériaux qu'il emploie, de leurs diverses provenances, etc. De cette manière, vous trouverez de l'esprit et du bon sens chez les gens qui au premier abord semblent le moins en avoir, et qui souvent ne sauraient rien vous dire. Si vous leur parliez monde ou littérature, ils bailleraient et vous tourneraient le dos, ou plutôt vous éviteraient.

Ainsi, vous ne serez pas banals, parlant de la pluie et du beau temps, du froid et du chaud ; vous laisserez les gens contents d'eux et contents de vous, et vous aurez, de cette manière, fait preuve d'esprit et de cœur.

Si vous faites une visite de félicitations pour nomination, avancement, naissance, etc., le sujet de

la conversation est tout entier dans l'objet de votre
visite, qui, en pareil cas, ne doit pas être longue.

Pour avancement, nomination, le cœur d'abord témoigne sa joie de l'événement et participe à la satisfaction de l'hôte qui vous reçoit. Puis on aborde l'objet
même, en s'informant de la localité où l'on va résider,
des fonctionnaires et de la société qui s'y trouvent, du
climat, de la topographie, du commerce ou de l'industrie du pays, des habitants, de leur naturel. Enfin
la dernière note reste encore au cœur, qui exprime
ses regrets d'un départ.

Il y a là, si je ne me trompe, de quoi suffire à un
quart d'heure d'entretien, et soyez sûrs encore qu'en
vous quittant on sera content de vous.

Pour naissance, quel charmant sujet de conversation ! C'est une fille, c'est un garçon, la famille
augmentée, la joie dans la maison, une nouvelle
éducation à faire : grande et importante question !
L'éducation des filles, si délicate, si multiple ; l'éducation des garçons, si laborieuse, si compliquée ;
qu'il s'agisse de l'éducation physique ou morale, ou
intellectuelle. Puis vient le petit mot flatteur : les
parents sont des plus intelligents, des mieux élevés, leurs enfants n'auront qu'à marcher sur leurs
traces, etc. Ce *grain d'encens* est d'un merveilleux
effet ; n'en donnez pas trop, car vous manquez le but,

si vous le dépassez. Rien n'est plus maladroit qu'une flatterie outrée, elle offense les esprits délicats; mais la politesse veut que vous en mettiez toujours quelquesgrains en réserve dans votre carnet de visite, c'est un moyen sûr de rendre les autres contents d'eux et de vous, et un indice certain de votre esprit.

Pour un malheur, vous faites une visite de condoléance, c'est un sujet diamétralement opposé. Il ne suffit pas de pleurer avec ceux qui pleurent, il faut encore essayer de les consoler, en leur disant qu'il y a des compensations, que des jours meilleurs viendront, que la vie est un temps d'épreuves. Heureux ceux pour lesquels il est abrégé ! A la pauvre mère qui a perdu son enfant, dites en termes émus et en prose du cœur, ce que le poète Reboul a su dire en si beaux vers :

Que personne dans ta demeure
N'obscurcisse ses vêtements,
Qu'on accueille ta dernière heure,
Ainsi que tes premiers moments.

Que les fronts y soient sans nuages,
Que rien n'y révèle un tombeau.
Quand on est pur comme à ton âge,
Le dernier jour est le plus beau !

Si vous voyez que vos paroles soient en effet consolantes, prolongez un peu votre visite, montrez-vous véritablement amis, promettez de revenir

12.

bientôt. Parlez à votre hôte de sa douleur ; essayer de l'en distraire, vous rendrait importun.

N'est-il pas à propos ici, de vous citer toute entière cette charmante poésie de V. Hugo ?

L'Oiseau envolé.

Oh ! vous aurez trop dit au pauvre petit ange
　　Qu'il est d'autres anges là haut,
Que rien ne souffre au ciel, que jamais rien n'y change,
　　Qu'il est doux d'y rentrer bientôt ;

Que le ciel est un dôme aux merveilleux pilastres,
　　Une tente aux riches couleurs,
Un jardin bleu rempli de lys qui sont des astres,
　　Et d'étoiles qui sont des fleurs !

Que c'est un lieu joyeux plus qu'on ne saurait dire,
　　Où toujours se laissant charmer,
On a les chérubins pour jouer et pour rire,
　　Et le bon Dieu pour nous aimer.

Et puis vous n'aurez pas assez dit, pauvre mère,
　　A ce fils si frêle et si doux,
Que vous étiez à lui dans cette vie amère,
　　Mais aussi qu'il était à vous ;

Que, tant qu'on est petit, la mère sur nous veille,
　　Mais que plus tard on la défend ;
Et qu'elle aura besoin, quand elle sera vieille,
　　D'un homme qui soit son enfant ;

Vous n'aurez point assez dit à cette jeune âme
　　Que Dieu veut qu'on reste ici-bas,
La femme guidant l'homme et l'homme aidant la femme,
　　Pour les douleurs et les combats ;

Si bien qu'un jour, oh deuil ! irréparable perte !
    Le doux être s'en est allé !.....
Hélas ! vous avez donc laissé la cage ouverte,
    Que votre oiseau s'est envolé ?

Parlez au malade de sa souffrance, mais aussi
tâchez de l'en distraire. Pour y parvenir, n'allez pas
vanter votre santé, ni le bien dont il est privé, ce
qui serait maladroit, autant que si vous parliez de
votre fortune devant un pauvre, ou de vos succès
en présence de qui n'a pas réussi.

On n'a pas réussi aujourd'hui, on réussira demain ;
la chance

. . . . est semblable à la coupe
Qui passe autour de nous de la main à la main,
L'un y boit son bonheur et l'autre sa misère.
Je suis heureux ce soir, tu le seras demain.

Aux infirmes, au contraire, évitez de parler de
leur infirmité. Ils ont tel et tel avantage que tant
d'autres n'ont pas, chacun a sa part, on ne peut tout
avoir.

Dans un salon où se trouvent des personnes in-
connues, soyez très circonspects, évitez certaines
réflexions, qui bien que justes, et précisément
parce qu'elles seraient justes, pourraient blesser.

« Celui qui ne pêche pas par la langue est un
homme parfait, » dit l'Ecriture, et : « Trop parler
nuit, » dit le proverbe.

On ne saurait apporter trop de circonspection dans son langage.

Le révérend M. Gannel a calculé que chaque individu, terme moyen, fait trois heures de conversation par jour au taux de cent mots à la minute, ou vingt pages d'un volume in-octavo à l'heure, et qu'à ce taux, un homme parle la valeur de 400 pages par semaine et de cinquante-deux volumes par an.

N'est-il pas du devoir de chacun de rendre ces cinquante-deux volumes parlants le plus agréables, le plus spirituels et le plus polis possible.

Vous n'aimez pas le commerce, ne le dites pas devant des négociants ; vous n'aimez pas l'état militaire, ne le dites pas devant des soldats ; vous n'aimez pas les arts, ne le dites pas devant des artistes ; écoutez-les même jusqu'au bout avec politesse, c'est, après tout, un prêté pour un rendu : demain, dans votre atelier, une personne qui ne saura pas distinguer le bleu du jaune vous complimentera sur votre tableau.

Dans ces conversations de société, la monnaie courante, c'est la bienveillance qui est l'essence même de la politesse. Vous serez bienveillants, si vous écoutez avec complaisance les choses insignifiantes en elles-mêmes, si vous avez des ménagements pour tous. Si l'on racontait devant vous des

choses que vous connaissez déjà, n'interrompez pas ;
ne prenez pas un air ennuyé auprès des personnes
qui accaparent la conversation pour dire des riens,
ce qui équivaut à ne rien dire. Ecoutez avec complaisance le chasseur vous raconter ses exploits de
chasse ; le vieux militaire répéter vingt fois ses
prouesses. A ce propos, écoutez une jolie anecdote :

« M..., compositeur, dînait tous les samedis chez
un de ses amis en compagnie du général de S...,qui ne
manquait pas, chaque fois, de lui faire le récit du passage de la Bérésina. Et comme chacun admirait la
patience de M..., il répondait : Sans doute, cette scé-
lérate de Bérésina me cause bien du chagrin, mais
quand je songe à tous ces braves soldats qu'elle a
engloutis, je me demande si je n'aurais pas mauvaise
grâce, moi misérable pékin, à me plaindre de souffrir une heure tous les huit jours par elle.

Le général de S... mourut en cinq minutes, frappé
d'une attaque d'apoplexie foudroyante.

— Vous voici débarrassé de votre scie, dit un plaisant à M...

— Tant pis pour le scieur, répondit-il.

Cependant le général laissait un testament, où à la
suite de legs nombreux institués par le vieillard en
faveur de ses amis et serviteurs, il y avait celui-ci :

« Item à M. M..., compositeur, comme remercie-
« ment de la complaisance sans égale dont il a fait
« preuve en m'entendant narrer *cent trois fois* de
« suite le passage de la Bérésina..... dix mille trois
« cents francs. »

Dix mille trois cents francs ! c'est-à-dire autant
de fois cent francs qu'il avait entendu le fameux
passage.

Le général avait donc pris note, semaine par
semaine de ses récits. Il avait une monomanie ; mais
en homme intelligent qu'il était, bien que maniaque,
il s'était réservé le juste soin de ménager des doses
de baume en nombre égal aux tortures qu'il avait
imposées.

M... accepta le legs sans vergogne; et nul ne l'en
blâma... S'il ne l'avait pas gagné, avouons qu'il
avait bien mérité ce présent d'outre-tombe. »

Il est presque certain que la même chance ne vous
est pas réservée, mais il est aussi fort probable que
vous n'aurez pas à endurer le même supplice.

Priez un musicien de faire de la musique, un poète
de vous dire quelque pièce de vers de sa composi-
tion. Si vous êtes chez un peintre, priez-le de vous
montrer quelqu'une de ses œuvres, parlez-lui du
dernier salon, de tel ou tel peintre en renom.

Louez avec réserve, mais ne soyez pas banals dans

vos louanges. Dire c'est beau, c'est charmant, c'est
gracieux ! ce n'est rien dire, ou plutôt c'est dire
comme tout le monde, comme tous ceux qui n'en-
tendent rien aux œuvres d'art. C'est beau !... mais
qu'y a-t-il de beau ? Ne soyez pas si vagues, dites ce
qui vous plaît dans cette mélodie : si elle est grave,
elle va au cœur, elle élève l'âme au-dessus des régions
terrestres, elle fait rêver, etc. ; est-elle gaie, dansante, elle vous a réjouis, elle vous a enlevé un
moment vos soucis.

D'une poésie, ne dites pas seulement qu'elle est
charmante, tout le monde dit cela, mais citez, si vous
le pouvez, tel vers qui vous a plu, louez la pensée ren-
fermée dans telle strophe. Et puis, louez la diction ;
on l'a bien dite, cette poésie, avec sentiment, avec
âme, on en a fait ressortir toutes les beautés.
Dites enfin que vous espérez qu'une autre fois vous
serez assez heureux pour entendre quelque chose
de nouveau.

Surtout pas de trivialité, ce qui est l'antithèse de
la noblesse, pas de termes bas, vulgaires, qui s'in-
troduisent à l'insu dans le langage de certaines personnes, soit par imitation, soit par négligence ou
par suite de rapports trop fréquents avec des gens
sans éducation, car le choix des termes que l'on
emploie figure au premier rang dans la conversation.

Et comme il y a partout un juste milieu, évitez également une trop grande recherche des termes employés, cela mène à l'emphase qui est un autre écueil, auquel la vanité, le désir de paraître conduisent souvent.

Ne vous y trompez pas, les choses dites par vanité produisent l'effet diamétralement opposé à celui que l'on cherche.

Tout le monde sait ce que valent ces *vantardises* et nul ne s'y laisse prendre.

Évitez encore le pédantisme qui est insupportable à tout le monde :

Et sa muse, en français, parlait grec et latin,

dit Boileau.

Beaucoup d'écoliers, de jeunes bacheliers présomptueux abusent des citations ; ils croient par ce moyen se montrer savants ; ils se montrent pédants et n'intéressent personne. Ce n'est pas dans un salon qu'on fait étalage de son érudition ; n'y parlez jamais dans une langue étrangère, quand tous les assistants ne la comprennent pas, c'est de l'impertinence. Chez les femmes, le pédantisme est encore plus ridicule que chez les hommes. Retenez bien cet axiome : Le vrai mérite est modeste.

Les véritables savants parlent selon leur auditoire de façon à être compris, s'élevant ou s'abaissant selon le degré de savoir ou d'intelligence de qui les écoute ; lors même qu'ils parleraient à des enfants des mondes qui gravitent dans les espaces célestes, ils feraient en sorte que les enfants les comprissent bien.

Il y a des pédants dans toutes le sciences ; les musiciens, les peintres, les sculpteurs font du pédantisme à leur manière. Quand l'orgueil s'est enraciné dans une âme, ses boursouflures le trahissent quand même, comme le travail d'une taupe au milieu d'un parterre ; ces symptômes n'échappent pas aux esprits justes et droits, les seuls auxquels vous devez désirer de plaire.

La plus sotte de toutes les affectations c'est le *purisme* : « Le mieux est l'ennemi du bien. » N'affectez pas de recherche dans les mots que vous employez, ni dans la tournure de vos phrases, vous vous feriez appliquer cet épigramme composé pour un célèbre puriste, Urbain Domergue :

Ce pauvre Urbain, que l'on taxe
D'un pédantisme assommant,
Joint l'esprit de la syntaxe
Aux grâces du rudiment.

Le grammairien Saumaize était tellement affecté de purisme que, peu d'instants avant d'expirer, il dit : « Je m'en vais ou je m'en vas, l'un et l'autre se dit ou se disent. »

Evitez les terminaisons en *isse* et en *asse* ; évitez aussi les mots techniques que beaucoup ne comprennent pas. Sortez lorsqu'il le faut du gérondif et du supin, car ceux qui s'y enfoncent, lorsqu'ils sont en société, ne sont que

> De sots savants, plus sots que les sots ignorants.

Bannissez donc ces deux extrêmes, la trivialité et l'emphase. Prendre une juste mesure, c'est faire preuve de bon goût ; car l'élégance du langage consiste moins dans le choix des termes que dans les termes appropriés au sujet et au milieu dans lequel ils sont employés. La mesure du langage est la mesure de l'esprit.

> J'appelle un chat un chat, et Rollet un fripon.

Faire de la poésie quand c'est la prose qui convient, c'est se montrer le digne émule de M. Jourdain, qui faisait de la prose sans le savoir.

Il y a des gens qui croient faire preuve d'esprit en faisant de l'opposition, en soutenant le contraire de ce que les autres avancent, en dénigrant ce qu'ailleurs on admire. Cet esprit est l'esprit des sots ; c'est un moyen de parler, pour qui n'en possède pas d'autre.

Prenez mieux votre ton soyez simple avec art,
Sublime sans orgueil, agréable sans fard.

Rompez le plus vite possible toute conversation avec une personne qui manque de sens moral, avec les impolis, avec les malveillants; les suivre sur leur terrain serait vous flétrir; abandonnez toute discussion avec ces sortes de gens.

Accueillez toujours très mal tous ceux qui se montrent insouciants de l'honneur et des convenances, et témoignez-leur votre désapprobation par votre froideur et le laconisme de vos réponses.

Prenez ce qu'il y a de bon dans l'admiration excessive de certains artistes ou littérateurs pour des œuvres qu'ils estiment au-delà de leur valeur, et ne partagez pas toujours leur aversion pour telle chose qu'ils trouvent détestable. Ils vous signaleront, par ce moyen, d'une façon peut-être exagérée, des beautés et des défauts que de vous-mêmes vous n'eussiez sans doute pas su découvrir.

Vous ne démentirez personne, c'est le principe fondamental de tout esprit de société. Vous ne vous récrierez pas sur des riens : c'est la souris qui sort de la montagne ; vous devez vous montrer plus spirituels que cela.

Il est un point sur lequel j'insiste, c'est de ne jamais vous moquer de personne, car la moquerie est

toujours sotte et de mauvais ton. La raillerie, c'est
autre chose ; mais avez-vous assez d'esprit pour
vous la permettre ? car elle confine à la moquerie
et s'y confond facilement.La raillerie doit être fine,
délicate et de bon goût. N'attaquez jamais les défauts de nature, mais certains défauts, dont ceux
qui les ont aiment à se vanter : comme une im-
prudente générosité, de la prodigalité, une bonté
aveugle, la distraction, la paresse, la négligence, la
crédulité, etc. : voilà les sujets sur lesquels peut
s'exercer une fine et spirituelle raillerie ; le tout
encadré dans une expression de physionomie qui
permette à celui que vous plaisantez d'être encore
content de vous.

Surtout pas de mauvaise plaisanterie, c'est le comble de l'impertinence : « Le mauvais plaisant, dit un
très spirituel auteur, n'a pas assez d'esprit pour jouer
le rôle de mystificateur ni celui de bouffon, il nage
entre deux eaux. »

Il se permet mille sottises pour faire rire, à ses dépens bien entendu : il enduit de glu les touches
du piano, il retire votre chaise au moment où vous
allez vous asseoir, il jette des capsules fulminantes
sous les pieds des gens, il cache les chapeaux sous
les fauteuils et les cannes dans les pianos, fi donc !
La mystification ne vaut guère mieux, elle n'est

en usage que parmi les gens mal élevés : le bon ton
la répudie.

Quant au babillard ; c'est un malade qui a besoin
de remuer la langue, ce qui le rend très dangereux,
car il est bien difficile de beaucoup parler, sans
entacher son langage de calomnie. Prenez-y garde,
mes chères jeunes filles, ce défaut est souvent reproché aux femmes. Songez-y bien : « trop parler
nuit. »

Quelques mots sur l'originalité. C'est la chose
du monde qu'il faut le moins rechercher, car si vous
voulez paraître original, malgré la nature, vous ne
parviendrez qu'au ridicule. Ne copiez donc jamais
le ton ni les manières originales de quelqu'un ; dès
que c'est une copie, l'expression originale cesse.
L'original dit et fait les choses comme personne, il a
son esprit à lui ; chercher à l'imiter, c'est le dé-
truire, on naît original comme on naît poète :

> S'il ne sent pas en lui l'influence secrète,
> Si son astre en naissant ne l'a formé poète,
> Dans son génie étroit il est toujours captif.

Donc, soyez originaux, mais ne contrefaites jamais
l'originalité, vous joueriez le rôle du geai paré des
plumes du paon, et vous seriez bafoués comme lui.

Faites-vous un devoir de prendre parti pour les

absents, et vous forcerez les médisants à se taire, à vous estimer, à vous apprécier aussi ; car ils seront désormais certains que, à l'occasion, vous prendriez également leur défense.

Vous rencontrerez des sots partout, puisque « les sots depuis Adam sont en majorité ; » n'essayez jamais de les contredire, ni de faire prévaloir sur eux votre opinion, vous n'y parviendrez pas. Les meilleurs raisonnements, les arguments les plus logiques ne les convertiront pas, et glisseront sur eux sans laisser la moindre impression, comme l'eau sur la toile cirée.

Il est très difficile d'avoir de l'esprit avec des sots; on se heurte à chaque instant contre leur sottise : avec eux, le mieux est de céder.

N'interrompez jamais celui qui parle, soit pour relever une erreur ou pour aider à sa mémoire : vous n'avez pas à corriger les autres.

Soyez très circonspects dans les réunions publiques, en voyage, dans les salons des villes d'eaux ; n'engagez la conversation qu'à bon escient; on regrette parfois de s'être trop avancé avec des gens plus ou moins convenables. Combien se parent là de faux titres et de blasons d'emprunt! Que de geais parés de plumes de paon ! Comme la vanité à beau jeu! Mais « Fol est qui s'y fie ! »

Avec lumière et choix toute amitié veut naître;
Avant que se lier, il faut se bien connaître,

dit Molière.

Lorsque vous causez dans les salons publics, vous
ne sauriez le faire qu'en abordant des sujets géné-
raux et en vous mettant sur un terrain neutre. C'est
alors surtout qu'il est bon d'avoir des connaissances
littéraires, historiques, géographiques, artistiques
et autres qui permettent de causer agréablement
sans se compromettre.

Il en est de même dans un compartiment quelconque de chemin de fer. D'ailleurs, avec un peu de
discernement, vous saurez bien vite à qui vous aurez
affaire.

Dans le monde, en général, chacun veut faire prévaloir son opinion, faire parade de son savoir, faire
miroiter son esprit: et l'on parle de soi, de ses préoccupations, de ses affaires...

Ah! n'ayez pas ce travers! Que votre esprit à vous
consiste à faire briller celui des autres. Je vous l'ai
dit, la politesse est une vertu; il faut souvent y sacrifier.

D'ailleurs, les personnes les plus spirituelles sont
celles dont l'esprit ne s'affiche jamais; et à ce propos je vous raconterai, la petite anecdote suivante

« Une dame qui lisait beaucoup les grands auteurs de son temps, Molière, Boileau, La Fontaine, désirait vivement les connaître autrement que par leurs ouvrages.

Elle part pour Paris, va rendre une visite à Mme de la Sablière, qui recevait chez elle toutes les célébrités littéraires de son époque, et lui dit la raison pour laquelle elle est venue à Paris. Mme de la Sablière l'invite à venir le lendemain. Justement j'ai chez moi, dit-elle, Chapelle, Bachaumont, Racine, Molière et La Fontaine.

La dame fut enchantée, et le lendemain elle était exacte au rendez-vous.

On se mit à table, on causa de la pluie et du beau temps, des nouvelles de la cour et de la ville... La dame devenait très impatiente ; elle finit par se pencher vers l'oreille de Mme de la Sablière et lui dit : — Ma bonne amie, quand donc ces messieurs vont-ils commencer ?

La chère dame fut très désappointée de voir que ces gens d'esprit parlaient comme tout le monde. »

Racine écrivait à son fils : « Ne croyez pas que ce soient mes vers qui m'attirent les faveurs des gens de la cour ; je ne les fatigue jamais du récit de mes ouvrages ; je me contente de leur tenir quelques propos amusants et de les entretenir des choses qui

leur plaisent. Le talent ne consiste pas à montrer
son esprit à ses interlocuteurs, mais à leur apprendre
qu'ils en ont. Ainsi, lorsque M. le duc passe des
heures entières avec moi, vous seriez étonné, si
vous étiez présent, de voir que souvent il me quitte
sans que j'aie dit quatre paroles; mais peu à peu, je
le mets en humeur de causer et il se retire encore
plus satisfait de lui que de moi. »

La Bruyère dit également :

« L'esprit de la conversation consiste bien moins à
montrer beaucoup d'esprit qu'à en faire montrer aux autres; celui qui sort de votre entretien content de soi et de son esprit, l'est de vous parfaitement. Les hommes n'aiment point à vous admirer, ils veulent plaire, ils cherchent moins à être
instruits et même réjouis qu'à être goûtés et applau-
dis, et le plaisir le plus délicat est de faire celui
d'autrui. »

Restons sur cette dernière pensée que je laisse à
votre méditation, et constatons, une fois de plus, qu'il
y a du mérite à être poli.

Je crois m'adresser ici à des lecteurs assez intelligents pour pouvoir leur dire : pensez à ce que vous
dites et réfléchissez sur ce qu'il convient que vous
disiez; ne faites pas comme Martine qui s'écrie :

« Et *je parlons* tout droit comme on parle chez nous » Il n'y a que les personnes sans éducation que ce parler *tout droit* fait jaser à tort et à travers. Ce qu'il est bon de dire ici, il faut savoir le taire ailleurs.

Qu'est-ce que parler? demandait un jour un professeur à son petit élève qui lui répondit : — « Monsieur parler c'est ouvrir la bouche et desserrer les dents. »

Ne riez pas ; beaucoup de personnes parlent de cette façon.

Vous, réfléchissez.

          « Avant que de *parler*, apprenez à penser. »

Empruntons pour terminer ce que recommande un écrivain moderne au sujet de la conversation pendant les repas.

« Ne faites pas au commencement du dîner une maladroite dépense d'esprit; sachez distribuer sagement votre verve. Pendant le premier service, soyez aimable, mais circonspect et avare de longues phrases, car alors les convives ont peu ou point d'oreilles. Au second service, l'appétit commence à se calmer, les dents se reposent pendant quelques instants, et l'on ne demande pas mieux que de vous entendre. C'est alors que vous pourrez vous permettre une plaisanterie de bon goût, amener par une tran-

sition délicate le récit d'une anecdote plaisante.
Mais songez bien que ce n'est pas encore le moment
de la plaisanterie qui exigerait de la réflexion, ou
d'un conte qui réclamerait une attention soutenue ;
l'esprit est encore, chez les convives, sous l'empire
de l'estomac. Quand le troisième service a occupé
pendant quelques instants les dîneurs, lorsque enfin
l'intérêt de curiosité gourmande n'a plus que peu de
choses a demander, sauf le chapitre des superfluités
qui plaisent toujours aux gastronomes, vous pouvez
profiter de la trêve et ranimer la conversation. A
mesure que vous voyez approcher le dessert, augmen-
tez le feu de vos reparties et la vivacité du dialogue.
Si par hasard un convive s'amuse à vouloir vous
prouver que vous avez dit une bêtise, passez-lui gaiement condamnation là-dessus, et si vous voulez
prendre votre revanche, saisissez-en l'occasion, afin
de mettre les rieurs de votre côté ; mais surtout gardez-vous de vous fâcher, car vous seriez bientôt lardé
des flèches du ridicule. »

« Que j'aime, dit un judicieux auteur, à me figurer
un tableau qui se réalise quelquefois dans le monde,
celui d'une conversation libre, intéressante, animée,
où chacun parle avec franchise et sincérité, sans
autre prétention que celle de s'instruire en échangeant quelques idées utiles. Tous ces hommes réu-

nis appartiennent à des professions différentes ; les uns se sont fait un nom dans les arts ou dans les sciences ; il en est qui honorent la carrière administrative ou judiciaire par un esprit éclairé et par une conscience pure; d'autres ont porté dans le commerce ou dans l'industrie une probité loyale et une activité infatigable ; ceux-ci, ayant terminé leur tâche, n'assistent plus à la vie que comme spectateurs, et voyant l'estime publique couronner leur vieillesse, portent gaiement le poids des années ; ceux-là, jeunes encore, s'élancent dans la lice pleins d'ardeur et d'espérance ; là point de confusion, point de rivalité, la parole est à qui veut la prendre, mais jamais la conversation ne languit parce qu'elle a pour base des idées solides et positives. Chacun en évitant le défaut de trop parler de soi trouve dans ses souvenirs et dans ses connaissances quelque chose qui intéresse tout le monde. On passe en revue les découvertes nouvelles, les progrès des sciences, les productions des arts, les ouvrages littéraires, les affaires publiques, les coutumes des différents peuples. Tous les sujets sont traités à leur tour, sinon avec profondeur, du moins avec justesse et bonne foi. On ne va pas toujours droit au but; mille accidents arrêtent et détournent l'entretien, parce que, comme le dit Bacon : *La conversation n'est pas un chemin*

qui conduit à la maison, mais un sentier où l'on se pro-
mène au hasard et avec plaisir.

Une saillie succède à un mot sérieux, un mot sérieux à une saillie. L'un s'exprime dans un langage
précis et serré, l'autre avec moins de logique et plus
d'abandon et de grâce, celui-ci saisit le côté plaisant,
tous contribuent pour leur part au plaisir général,
et, à chaque instant, il jaillit de la discussion des
étincelles qui brillent en éclairant. Les dames même
ne restent pas étrangères à ces débats, soit qu'elles
se bornent au rôle de juge, et que dans ces nouveaux
tournois elles décernent au vainqueur le prix de
l'éloquence et de la raison, soit qu'elles se mêlent
aux combattants, et qu'elles montrent en donnant
leur avis, cette logique vive et claire, ce style facile
et pur qui sont les fruits d'une raison naturelle et
d'une éducation soignée. »

RÉSUMÉ. — Ne pas faire de l'esprit, il se manifeste de lui
même.

Eviter les discussions religieuses et politiques, tout autant que la
médisance.

Mettre les gens sur leur terrain, c'est une manière de donner de
l'esprit aux sots.

Dans les visites de félicitations, de condoléance, etc., le sujet de
la conversation est dans l'objet de la visite.

Ne pas oublier le petit grain d'encens.

Parlez au malade de sa souffrance, mais évitez de parler à l'infirme de son infirmité.

Ne faites valoir en vous aucun des avantages qui font défaut à votre hôte, c'est lui infliger le supplice de Tantale.

Prenez le parti des absents.

N'interrompez jamais celui qui parle.

Surtout, sachez écouter

Parlez avec une grande circonspection dans les salons publics.

Ne parlez pas de vous-mêmes.

Ne donnez pas de conseils lorsqu'on ne vous en demande pas.

Le plaisir le plus délicat est de faire celui d'autrui.

CHAPITRE II

Corrections du langage

SOMMAIRE. — Bien connaître sa langue. — Les tours vicieux. — L'article devant les noms propres. — Les célébrités. — Conseils divers. — Le terme propre. — Les défauts de langue.

> Le vers le mieux rempli, la plus noble pensée
> Ne peut plaire à l'esprit quand l'oreille est blessée.

Ce précepte de Boileau s'applique absolument à la conversation. La première condition pour bien parler, c'est de bien connaître sa langue et de la parler correctement. Si vous blessez l'oreille, vous n'arrivez pas à l'esprit.

Evitez donc tous les termes impropres et les tours vicieux.

> Mon esprit n'admet point un pompeux barbarisme,
> Ni d'un vers ampoulé l'orgueilleux solécisme.

Ceux qui parlent mal ou incorrectement, s'ils

veulent réussir dans le monde, n'ont pas d'autre
moyen que de prendre un professeur de grammaire
et de le garder jusqu'à complète guérison.

Pourtant, lors même que ce qui précède ne vous
concernerait point, chers lecteurs, puisque vos études
vous ont prémunis contre ces erreurs, je dois néanmoins vous mettre en garde contre certaines expressions et locutions vicieuses, plus généralement
répandues dans le monde qu'on ne le croit de prime-
abord : et, sans aller jusqu'à Marseille, où l'on dit :
je me languis, pour je m'ennuie, *il est fatigué* pour il
est malade, on emploie à Paris comme à Tours,
des locutions comme celle-ci : *je pars en Suisse, il
part à la campagne, a-t-il de la chance, Mme X... ouvre
ses salons.*

Aller dans le monde est également défectueux :
autrefois il n'y avait qu'un monde, celui de l'aris-
tocratie ; aujourd'hui il y a le monde du barreau,
de la finance, du commerce. Dites que vous voyez
beaucoup de monde, que vous avez de nombreuses
relations, mais non : *je vais dans le monde.*

Les gens comme il faut ne font jamais précéder de
l'article le nom d'une artiste, ils ne disent pas la
Patti, la Grisi ; cela n'est admis qu'en Italie où l'article précède les noms propres. Ils ne disent pas
davantage le nom tout court d'un artiste en renom,

mais bien, Mme Alboni, M. Faure, etc. Les dames surtout ne doivent jamais nommer autrement une célébrité quelconque. Il en est de même lorsqu'il s'agit d'une personne de leur connaissance, dont il faut toujours faire précéder le nom du mot monsieur ou madame, excepté pour les amis intimes.

Rien n'est moins comme il faut que d'employer les pronoms il, elle, lui, en parlant d'une personne présente, ou en citant quelqu'un à qui l'on doit du respect. Ne dites donc pas : *il* m'a dit ceci, *elle* a fait cela, je *lui* ai parlé ; il faut dire : M. X... m'a dit ceci, Mme Z... a fait cela, si vous voulez que votre langage ne sente pas la cuisine. Ne dites pas davantage monsieur ou madame tout court, comme fait une femme de chambre : j'ai parlé à *monsieur*, j'ai vu *madame* ; il faut nommer la personne, autrement on vous prendrait pour ce que vous n'êtes pas.

Si vous demandez à une personne titrée des nouvelles de quelqu'un de sa famille, employez le titre, et dites : comment se porte Mme la duchesse, Mme la marquise.

Si vous n'avez pas entendu la question que l'on vous adresse, ne vous avisez pas de répondre *hein ?*... dites *pardon*, je n'ai pas entendu, ou encore: *comment ?* voulez-vous bien recommencer?

Plaît-il ? n'est plus guère en usage.

Si l'on vous marche sur le pied et que l'on vous en demande pardon en disant : Oh, je vous ai fait mal ! Ne dites pas : *ce n'est rien du tout*, encore moins: *au contraire* ; mais excusez poliment le maladroit ou l'étourdi.

En saluant une personne titrée, donnez-lui son titre : Mme la baronne, Mme la marquise, j'ai l'honneur de vous saluer. Si vous voyez souvent cette personne, et qu'une certaine familiarité s'établisse entre vous, le bon ton vous permet de dire simplement madame.

Evitez, au contraire, de dire : le comte, mon cousin, ma cousine la duchesse, mon oncle le préfet, ou ce qui est pis encore, monsieur mon père.

Un jeune homme qui a plus de quinze ans ne dit plus, en société, papa, maman ; mais, mon père, ma mère; il dit mes grands parents pour mon grand-père et ma grand'mère.

Dites madame à une demoiselle d'un certain âge, c'est plus comme il faut ; à moins que vous ne la connaissiez bien.

S'interrompre en parlant pour dire : *comprenez-vous bien ?* est impertinent ; c'est comme si vous disiez : votre intelligence peut-elle saisir ce que j'explique? Il en est de même pour ces expressions : *si ce que vous dites est vrai* !... Doutez vous de la véracité de votre interlocuteur ?

En parlant à M. D, des personnes de sa maison, vous pouvez lui dire : Mme D, Mlle D, ou encore Mlle Jeanne, si vous savez le prénom de sa fille, mais jamais : votre épouse, votre demoiselle ; et encore moins votre fille. Le mot fille tout court est mal interprété.

Ne terminons pas ce chapitre sans recommander, aux jeunes gens surtout, de ne jamais demander leur âge aux femmes, car il est bien entendu que cela déplaît.

Évitez les impératifs qui ne conviennent qu'avec les inférieurs et quelquefois avec les égaux : *Donnez-moi*, par exemple ; *Veuillez me donner*, est encore un ordre ; mais, *Auriez-vous la bonté de me donner*, est bien. *Je vous prie*, va partout.

En abordant quelqu'un, vous ne dites le *bonjour* familier qu'aux personnes avec lesquelles il est permis de prendre ce ton ; autrement, prenez un ton moins dégagé et dites : *J'ai l'honneur de vous saluer*.

Il est bon que les jeunes personnes se servent souvent des formules les plus honnêtes qui imposent la réserve, et par conséquent empêchent la trop grande familiarité.

Il y a des expressions vulgaires qui reviennent sans cesse dans la bouche des personnes sans distinction, évitez-les ; c'est peu délicat, et sent son paysan d'une lieue.

En un mot, chers lecteurs, il faut dans le langage et le fond et la forme ; puisque ce que vous dites frappe l'oreille avant de frapper l'esprit : « l'oreille est le chemin du cœur. » Il faut donc savoir votre grammaire et tout ce qui s'y rattache, châtier à la fois votre style et votre discours.

En y réfléchissant un peu, vous trouverez facilement le terme qui exprimera le mieux votre pensée,

« Ce que l'on conçoit bien s'énonce clairement
Et les mots, pour le dire, arrivent aisément. »

Ecoutez les personnes de bonne compagnie et conformez votre langage au leur. Les livres vivants sont les meilleurs et les plus éloquents. Si vous avez quelque défaut de prononciation, si vous bredouillez, si vous bégayez, si votre ton est nasillard, lourd, guttural, si votre accent est désagréable, et que ces vices de prononciation soient assez accentués pour que vous ne puissiez les corriger vous-mêmes, il faut alors recourir aux maîtres spéciaux, afin de perdre ce qui pourrait vous occasionner de sérieuses entraves dans l'avenir.

Comment, autrement, seriez-vous des avocats, des orateurs, des magistrats, des législateurs, ou des femmes du monde ? Prenez donc de très bonne heure des habitudes de langage correct. Le bon ton, les bonnes manières, toutes ces choses assureront vos succès dans la société.

RÉSUMÉ. — Il faut pour bien parler connaître sa grammaire. Eviter les expressions vicieuses.

Ne faites pas précéder de l'article les noms des artistes en renom.

Excepté pour les intimes, mettez toujours le mot Monsieur, Madame ou Mademoiselle devant le nom d'une personne.

Employez le titre en parlant à une personne titrée, ou en lui demandant des nouvelles de quelqu'un de sa famille.

Dites madame à une demoiselle d'un certain âge.

Ne demandez pas son âge à une femme.

Le mot fille tout court est mal interprété.

Evitez les impératifs.

Les jeunes personnes doivent prendre les formules les plus honnêtes.

Pas d'expressions vulgaires.

Il faut dans le langage le fond et la forme.

Cherchez et vous trouverez le moyen d'exprimer clairement votre pensée.

Si vous avez des défauts de langue, il est nécessaire de vous en corriger pour ne pas nuire à votre avenir.

CHAPITRE III

De la lecture.

On n'étudie ordinairement que pendant l'enfance et la première jeunesse. Mais on lit toute sa vie. On développe de cette manière tout ce qui, très souvent, n'est qu'effleuré à l'école. La lecture est le meilleur moyen de parachever son instruction, de développer son intelligence, d'éclairer son esprit, de former son jugement, de perfectionner son langage et son style, et d'oublier, pendant les instants ou les heures qu'on y consacre, les soucis de ce monde qui forment la trame ordinaire de la vie de tous.

Mais il faut savoir lire et se tracer pour la lecture une ligne de conduite. Ne pas lire à tort et à travers, ni tellement à la légère que ce que vous lisez

ne laisse pas plus de trace dans votre esprit que le
sillage du navire n'en laisse sur l'onde.

Et d'abord choisissez vos livres, il n'en est point
d'indifférent. Un livre peut faire autant de mal qu'un
autre livre peut faire de bien.

La littérature de nos jours a flétri tant de cœurs
que nos mœurs en sont profondément atteintes

Oui, dit Alfred de Musset :

> Oui, c'est la vérité ; le théâtre et la presse
> Étalent aujourd'hui des spectacles hideux,
> Et c'est, en pleine rue, à se boucher les yeux !
> Un vil mépris de tout nous travaille sans cesse,
> La muse de nos temps ne se fait plus prêtresse
> Mais bacchante, et le monde a dégradé ses dieux.

Des romans malsains, remplis de honteux drames
de l'inconduite, sont, hélas ! aujourd'hui, le pain quoti-
dien d'un grand nombre de lecteurs français.

Ce n'est certes point par de telles lectures que le
niveau moral et même intellectuel se relèvera, et
nous devons tous, pour nous-mêmes et pour notre
patrie, travailler à notre régénération.

Quelque remplie que soit votre existence, si votre
travail est ordonné, vous pourrez chaque jour consacrer quelques instants à la lecture. Avec une
demi-heure par jour, on lit bien des volumes dans
une année.

«Il faut, disait l'évêque d'Orléans, savoir équilibrer la vie idéale et la vie pratique ; il faut pouvoir à un moment donné se soustraire à la vie matérielle, avec laquelle on se matérialise, pour se livrer à quelque bonne lecture qui vous élève l'âme et vous empêche de vous croire une servante. »

Lisez, comme faisait Mme de Sévigné, un crayon à la main, vous prendrez ainsi des notes où seront renfermées les fleurs du livre, les plus belles pensées, les plus heureuses expressions et les plus utiles enseignements de l'auteur. Vous recueillerez ainsi dans chaque ouvrage un bouquet délicieux, dont chaque fleur sera pour vous pleine de miel. Et, passant de la lecture au travail matériel, beaucoup pourront penser à ce qu'ils auront lu, c'est une sorte de méditation des plus fécondes en heureux résultats.

Quelque genre de lecture que vous préfériez, ne vous contentez pas de lire un seul auteur du même genre. Certain historien, par exemple, ne développe que telle question qui est son principal but : il s'étend sur un sujet que tel autre a négligé ; un second s'attache à la peinture des mœurs, à la marche des événements ; un troisième au récit des batailles ; celui-ci aux progrès de la civilisation ; celui-là étudie les ressorts de la politique au double visage, etc. Et puis, tel décrit le passé, tel autre le présent.

Choisissez dans les uns et les autres. C'est alors que vous posséderez l'histoire.

Lisez des relations de voyage, vous ferez ainsi vingt fois le tour du monde, apprenant de celui-ci les mœurs des différents peuples, de celui-là les productions des divers climats, l'industrie de tous.

Connait-on sa géographie pour savoir que telle ville est la capitale de telle contrée? Certainement non ; on ne possède ainsi que le squelette, non la vie du globe.

Lisez les chefs-d'œuvre de notre littérature, comparez les auteurs entre eux, commentez si vous le pouvez, relisez plusieurs fois les plus belles parties. Parlez aussi de vos lectures à qui a des oreilles pour vous entendre ; le niveau des conversations s'élèvera avec celui des intelligences, et par conséquent celui de la société.

En lisant [les bons auteurs, vous contracterez le goût des bons livres, et c'est alors que vous apprécierez ce vers de Boileau :

« C'est avoir profité que de savoir s'y plaire. »

Se plaire à la lecture des bons modèles, ai-je lu quelque part, c'est se donner soi-même ce que tous

les trésors du monde ne sauraient nous donner,
c'est-à dire les délicatesses du goût, la paix du cœur,
le contentement de l'esprit et les joies d'une conscience.

Puisons donc tous à cette mine d'or.

RÉSUMÉ. — On n'étudie qu'un temps, on lit toute sa vie.

La lecture est le meilleur moyen de parachever son éducation.

Se tracer pour lire une ligne de conduite.

Lire un crayon à la main.

Choisissez vos livres.

La littérature de nos jours est malsaine.

Il faut relever le niveau moral par le niveau intellectuel ; équilibrer la vie idéale et la vie pratique.

Des notes bien prises sont des fleurs pleines de miel.

Ce qu'un historien néglige, un autre le développe.

Les relations de voyages vous feront faire le tour du monde et
connaître la terre telle qu'elle est.

Lisez les chefs-d'œuvre de notre littérature.

Parlez de vos lectures.

Contractez le goût des bons livres.

CHAPITRE IV

L'art de lire à haute voix.

SOMMAIRE. — On ne sait pas lire. — Une lacune dans l'éducation. — L'art de lire est utile aux femmes autant qu'aux hommes. — L'enfant ne peut apprendre l'*art* de lire. — Les diverses carrières où l'art de lire peut s'exercer. — Où l'on constate l'absence de cet art. — Le lecteur s'adresse à l'oreille, à l'esprit, au cœur et aux yeux de ses auditeurs. — Cet art élève l'intelligence de ses interprètes. — La scène du sonnet du Misanthrope. — Le but des beaux-arts.

La lecture à haute voix constitue un art beaucoup plus important qu'on ne le suppose de prime abord, puisqu'il est nécessaire au succès de quiconque aborde une des nombreuses carrières qui sont du domaine de la parole.

En général, *on croit* savoir lire lorsqu'on sait articuler les mots et les placer les uns à la suite des autres, sur un ton monotone ; ou bien encore, lorsqu'on possède ce semblant de science qui consiste à observer exactement les poses indiquées par la ponc-

14

tuation. Non, tout cela ne constitue pas l'*art* de lire à haute voix.

Etant donnée l'importance de la lecture à haute voix, l'absence de cet art, chez les hommes comme chez les femmes, forme une lacune très regrettable dans l'éducation.

Eh quoi ! jeune homme, vous allez entrer dans la carrière des lettres ; vous aspirez à la tribune politique, à la chaire, au barreau ; vous prétendez exposer les éléments des sciences, soumettre vos compositions littéraires aux membres de votre cercle ; vous vous élancez dans ces arènes où seront débattus les droits de l'innocence et de la justice, ou les plus grands intérêts de la société, et vous ne savez pas lire ?...

Vous, femmes, gardiennes du foyer, ou ornement de la société, vous ne savez pas charmer par une intéressante lecture le cercle réuni les soirs d'hiver autour du foyer de famille ? Votre père, votre mari, votre fils est malade, l'ennui le gagne, il faut le distraire, croyez-vous y parvenir par le bruit des instruments, ou par une réunion bruyante ? Eh non ; mais bien par une lecture intéressante faite avec art.

Dans le monde, où tous aspirent à briller, quoi de plus charmant qu'une jeune femme, un jeune

fille disant bien de beaux vers ! Ce piano, cet éter-
nel piano, qui ne charme qu'à la condition d'être
bien occupé, ne doit pas être le seul objet de distraction des salons, la lecture pourrait y tenir une
grande place aussi.

Ce n'est pas l'enfant qui peut apprendre à lire
ainsi ; car on ne peut discuter avec l'enfance sur la
nature des sons de la voix humaine, leur caractère,
leurs diverses modifications, leur valeur prosodique,
et le degré de consistance qu'il faut leur donner. On
ne peut lui faire connaître la nécessité, la beauté,
les lois d'une articulation nette et bien distincte des
éléments de la parole. On ne peut lui faire sentir
quels sont dans la lecture les tons faux, inarticulés
et défectueux.

C'est vers la fin des études, c'est avant que
d'entrer en lice qu'il faudrait placer l'exercice
de l'art de la lecture à haute voix, pour combler le
vide que l'absence de cet art laisse dans l'éducation.

« Presque partout, dit un écrivain de talent,
l'oreille et le goût sont révoltés, outragés par les
contre sens continuels d'un lecteur qui n'a appris
que la science des mots, et qui s'en est tenu là. Ici,
les intérêts de la justice sont discutés avec un froid,
une sécheresse, avec une absence d'intérêt et de

sensibilité qui rendraient inutiles pour la cause de l'innocence les plus beaux développements mêmes de l'éloquence humaine, et les arguments de la raison la plus lumineuse. J'ai vu souvent l'œil du juge s'appesantir aux accents monotones et insipide d'un défenseur de l'innocence, et l'assemblée la plus nombreuse se livrer à un engourdissement spontané, comme si on eût fait couler dans toutes les veines un breuvage soporifique. Et dans les écoles publiques, où rien ne peut réparer le vide d'une leçon exprimée sans intérêt, combien ne voit-on pas de professeurs dont l'élocution faible, triviale, embarrassée, confuse ou languissante, lasse l'oreille, fatigue l'esprit, et porte le dégoût et l'ennui dans tous les cœurs? Et dans les assemblées littéraires et savantes, à quel rôle fatigant et pénible ne livrent pas souvent tout un public, ces hommes, estimables sans doute la plume à la main, mais qui, dans la lecture de leurs compositions, ne savent pas s'arracher à la monotonie qui dépare entièrement leurs écrits et qui en fait perdre le principal mérite.»

Nous ne prétendons pas ici enseigner à nos lecteurs l'art de lire, qu'il nous soit permis cependant d'indiquer à quelles facultés diverses de l'entendement cet art s'adresse, et quels ressorts il met en jeu.

Quels sont les rapports existants entre le lecteur et l'auditeur ?

Ils sont relatifs à l'*oreille*, à l'*esprit*, au *cœur* et aux *yeux*.

L'*oreille* exige une diction exacte, distincte et correcte, c'est-à-dire fondée sur les règles grammaticales.

L'*esprit* demande, pour être éclairé et convaincu, que le lecteur lui fasse apprécier la force, la valeur et la dépendance des idées qui doivent être justes et clairement exprimées.

Le *cœur* veut la connaissance des passions diverses qui peuvent l'émouvoir, il demande que le lecteur possède les moyens de produire ces effets.

Les *yeux* ne sont satisfaits que par un maintien convenable et des mouvements extérieurs conformes à l'objet de la lecture.

Tout cela exige de l'étude et suppose aussi des connaissances étendues et variées ; car il importe, pour intéresser un auditeur, de lui transmettre par la lecture des idées qu'il n'a pas, et auxquelles il n'est pas préparé, de lui exposer des faits qu'il ne connaît pas, de lui inspirer des sentiments que son cœur n'éprouve pas. Il faut l'intéresser à tout cela, le toucher, l'instruire, l'émouvoir ou le convaincre. Le lecteur qui ignore ou qui oublie qu'il doit remplir

un de ces rôles divers manque son but, et la plupart
du temps il ne fait qu'ennuyer son auditoire et nuire
à sa cause plutôt que la servir.

Apprenez donc à lire, jeunes hommes, jeunes
filles, et vous aussi femmes, que les soins de la famille ou de la maison n'absorbent pas entièrement.
C'est un sûr moyen de succès pour tous : pour les
hommes qui suivent une carrière appartenant au
domaine de la parole, pour les femmes, dans leur
double rôle de gardiennes du foyer et de femmes du
monde.

Non seulement c'est un élément de succès au dehors, mais encore un moyen d'éclairer son intelligence et d'approfondir ses idées. Il y a dans les bons
auteurs mille beautés qui passent inaperçues, in-
connues aux yeux du lecteur léger qui ne prend que
la surface de l'ouvrage. En étudiant les plus beaux
passages des grands maîtres de façon à pouvoir les
bien lire, on y découvre tous ces traits charmants
qui révèlent le penseur profond, comme au moyen
d'un microscope on distingue la vie, là où l'œil n'a-
perçoit que de la poussière.

Il y a dans la scène du sonnet du Misanthrope un
passage où Philinte répond, trois fois de suite, le seul
mot *Monsieur* aux arguments d'Alceste ; ce seul mot
doit être dit chaque fois sur un ton qui traduise toutes

les pensées qui agitent en ce moment l'esprit de l'homme auquel on fait entendre que son sonnet n'est bon... (qu'à jeter au panier.)

Etudiez quelques-uns des plus beaux passages de nos grands auteurs, prose ou vers. Cette étude vous révèlera toute la beauté de leurs œuvres, et vous-mêmes, vous en faisant les interprètes, en donnant tout leur relief aux traits les plus saillants, vous ferez passer dans l'âme de vos auditeurs les sentiments d'admiration que méritent ces chefs-d'œuvre, et le niveau des intelligences s'élèvera comme celui des conversations.

L'art véritable a pour but d'élever le cœur de l'homme au-dessus des aspirations matérielles et vulgaires, de porter ses yeux *plus loin que le monde réel.* Tout artiste qui ne produit pas cet effet manque son but. Le *sursum corda* est dans tous les arts, voilà pourquoi ils sont beaux et justement appréciés de tous, car tous ont besoin d'échapper, au moins pour quelques instants, aux préoccupations matérielles, si impérieuses d'ailleurs, et qui courbent l'homme vers la terre.

> L'âme fille du ciel, prisonnière invisible,
> Souffre dans son cachot de sanglantes douleurs ;
> Du fond de son exil elle appelle ses sœurs,
> Et les pleurs et les chants sont les voix éternelles,
> De ces filles de Dieu qui s'appellent entre elles.

Résumé — La lecture à haute voix constitue un art dont l'absence produit une lacune regrettable dans l'éducation : en général, on ne sait pas lire.

Il importe de savoir lire pour tous ceux qui suivent une carrière qui est du domaine de la parole.

Cet art est charmant en société.

L'enfant ne saurait apprendre l'*art* de lire ; c'est vers la fin des études qu'il faut l'exercer.

L'absence de cet art produit de fâcheux résultats pour les hommes politiques, les avocats, les professeurs, les hommes de lettres.

Le lecteur s'adresse à la fois à l'oreille, au cœur, à l'esprit, aux yeux de ses auditeurs.

Le but de toute lecture est de toucher, d'instruire, d'émouvoir ou de convaincre.

Apprenez à lire, c'est un moyen de succès dans la société, et d'élever votre âme.

L'art de lire est le microscope des chefs-d'œuvre littéraires.

Le but des beaux arts est d'élever les cœurs et de porter notre âme vers le régions où elle aspire.

TROISIÈME PARTIE

SAVOIR ÉCRIRE

NOTE

Savoir écrire dans le sens le plus étendu de cet art, n'est pas donné à tout le monde, il faut pour cela un goût très délicat, un esprit élevé, des connaissances très diverses, beaucoup d'imagination et l'expérience de la vie.

Je me bornerai à quelques mots sur le style en général.

Mais avant d'aborder cet important sujet, disons ce qui convient pour la forme matérielle des lettres; cette question a son importance aussi, elle se rattache au savoir-vivre, nous la développerons sous le titre suivant :

CHAPITRE PREMIER

Des convenances épistolaires.

De la forme ou qualités extérieures d'une lettre.

SOMMAIRE. — Lettres aux supérieurs, aux parents, aux amis. — Commencement et fin. — Ecriture. — Pli. — Enveloppe. — Cachet et adresse. — Format. — Papier. — Marges. — Abréviations. Date. — Alinéa. — Exactitude. — Ecrire soi-même. — *Scripta manent.*

Les lettres aux supérieurs doivent être rédigées sur papier grand format. Lorsqu'on écrit à un ministre, à un prince, à toute autre personne d'un rang élevé, ou à son supérieur hiérarchique, le papier doit être in-folio, *papier ministre*, avoir une large marge et porter en vedette sur le milieu de la feuille le mot Monsieur avec le titre ou la fonction : Monsieur le Ministre ; Monseigneur, pour un Prince ou pour un Evêque ; Sire, pour un roi ; Madame, pour une reine ; Monsieur le Comte, Madame la Comtesse. Un militaire écrit : Mon Général. Le titre d'Excellence n'est plus donné qu'aux ambassadeurs.

Vous commencez votre lettre assez bas au-dessous
du mot en vedette, vous laissez beaucoup de blanc
au bas de la page, d'autant plus, que le destinataire
est plus haut placé, et vous ne répétez le titre, ou
la désignation de la fonction, que dans la formule
terminative. Ces sortes de lettres ne doivent jamais
avoir de post-scriptum; et l'auteur ne peut, en aucune façon, s'y permettre de charger le destinataire
d'une commission quelconque, ne serait-ce qu'un
salut ou un mot de souvenir pour un tiers : cela n'est
permis qu'avec les personnes assez intimes.

A une personne d'un rang élevé, on met au-dessus de la vedette, au haut de la page, les titres et le
nom :

A Monsieur le Ministre des Travaux Publics.

Votre écriture doit être sinon jolie au moins très
régulière et très lisible. Faites plutôt copier votre
lettre que d'écrire à un supérieur un indéchiffrable
grimoire, que d'ailleurs il ne lirait pas; car, lorsque le secrétaire chargé d'ouvrir la correspondance
trouve une lettre mal écrite, ou qui ne porte pas la
physionomie qu'elle doit avoir, il la met au panier,
et vous avez perdu votre temps.

Votre lettre pliée en quatre sera mise sous enveloppe, cachetée avec un cachet de cire rouge, ce qui

est toujours plus convenable que de coller simplement la partie gommée de l'enveloppe. Puis vous
répétez sur l'adresse, après le mot Monsieur, ou
Madame, le titre ou la fonction ; et vous affranchis-
sez, cela va sans dire.

Pour la famille et les amis, on se sert de papier
de format ordinaire, blanc, sans vignettes, sans emblème. Le papier orné n'est permis qu'aux enfants et
aux jeunes personnes ; votre chiffre ou vos initiales,
un filet noir, si vous êtes en deuil, cela suffit. Que
le papier soit épais, c'est plus facile à lire, et les
caractères s'y marquent mieux. Si vous écrivez à
une personne de distinction ou âgée, vous mettez
la vedette à peu près au quart de la page, et la
première ligne au milieu.

Vous pouvez, avec des amis, couvrir entièrement
le papier et faire usage du post-scriptum ; omettre
même la vedette en y suppléant par un mot affectueux : Je suis enchantée, ma chère amie, etc. ;
mais évitez ces lignes croisées qui rendent la lecture de la lettre difficile, ajoutez de préférence une
feuille supplémentaire. Toutes ces choses qui semblent minutieuses ou insignifiantes : papier blanc et
fort, écriture régulière et lisible, lignes assez dis-
tancées et non croisées, ont pour but de ne pas gêner la personne à laquelle on écrit. Lorsqu'il s'agit

du savoir-vivre, les choses les plus futiles en apparence ont leur raison d'être, et toute personne polie s'y conforme.

On doit toujours répondre à une lettre, sauf de sérieux motifs, véritablement fondés.

Deux personnes n'écrivent sur la même lettre qu'à des amis intimes.

Employez toujours une feuille double, n'eussiez-vous que quelques mots à écrire, les convenances l'exigent. Dans le commerce, il est d'usage de n'employer qu'une feuille simple.

On se sert toujours d'enveloppes pour les lettres tant soit peu respectueuses ; elles sont de rigueur pour les supérieurs. Entre amis on se contente de coller l'enveloppe gommée.

Si vous vous servez du cachet, employez toujours la cire rouge avec vos supérieurs. Les cires de couleur sont de fantaisie ; et si vous soignez les moindres détails, posez votre cachet *renversé* pour les supérieurs, *de côté* pour les égaux et *droit* pour les inférieurs.

On ne répète plus aujourd'hui les mots Monsieur ou Madame sur l'enveloppe, on écrit tout simplement et sur une seule ligne : Madame X... Si la destinataire a un titre, vous l'écrivez sur l'adresse : Madame la Marquise de X..., ou Monsieur le Préfet ;

autrement la fonction, l'emploi, la profession se mettent sur la seconde ligne.

> Monsieur X.
> Notaire.

Puis vient la rue, le numéro dont on a supprimé le mot ou l'initiale pour l'inscrire tout simplement. Le numéro se place avant ou après le nom de la rue ; pourtant on le place plus fréquemment avant ; c'est moins rationnel, mais c'est la mode actuellement, respectons-là.

Terminez enfin par le nom de la localité et celui du département.

> Madame la Duchesse de X...
> Château de Saint-Pierre,
> Saint-Germain-en-Laye.
>
> Seine-et-Oise.

> Monsieur Leroux,
> Avocat
> 15, Rue de l'Arbre.
> Riom.
>
> Puy-de-Dôme.

Si la localité n'a pas de bureau de poste, on rédige ainsi l'adresse :

Monsieur Loisy,
    Propriétaire
                        à Sapignicourt
    Par Perthes

                                    Marne.

Les mots Monsieur, Madame, Mademoiselle ne
s'écrivent jamais en abrégé, même dans le corps de
la lettre, pour la personne à qui l'on écrit; l'abré-
viation n'est permise que lorsqu'on parle d'un tiers :
J'ai rencontré dernièrement M. Louis qui m'a annoncé, etc.; Je vous avoue, Madame, que cette nouvelle m'a fort surpris.

C'est au soin que vous donnerez à tous ces détails
que l'on reconnaîtra en vous le degré plus au moins
élevé de l'éducation que vous avez reçue.

La date des lettres se place en haut de la page
pour les lettres d'affaires et de commerce; pour les
autres lettres, elle peut se mettre au bas, à gauche.
Pour un simple billet, on ne met pas de date,
on écrit plutôt le jour : Samedi matin, Dimanche
soir.

Vous devez changer l'alinéa toutes les fois que vous
abordez une nouvelle matière, afin de rendre votre
lettre plus claire. Les lignes doivent être assez dis-
tancées entre elles pour que les boucles des lettres
ne se rencontrent pas.

Pour les lettres de circonstances : jour de l'an, fête des parents ou des amis, ayez bien soin qu'elles arrivent au moment précis, plutôt trop tôt que trop tard, la veille au soir ou le matin du jour même.

Lorsque vous donnez à quelqu'un une lettre de recommandation, vous ne devez pas la cacheter, à moins de l'avoir lue auparavant à la personne qu'elle concerne ; et si cette personne elle-même est polie, elle cachettera la lettre devant vous, dès que vous la lui aurez remise.

Soyez exacts dans votre correspondance ; répondez le plus tôt possible ; mais, si par négligence ou par oubli, vous vous mettiez en retard, réparez cette faute, non en vous excusant, ce qui serait un remède pire que le mal, mais en reconnaissant franchement vos torts.

Rappelez-vous qu'on vous jugera vous-mêmes par vos lettres. Vous donnerez par là une bonne ou une mauvaise opinion de vous ; et ce n'est pas seulement par le style, qui est le fond, qu'on vous appréciera, mais encore par l'ensemble de ces détails que nous venons de passer en revue : papier, écriture, marge, commencement, terminaison, pliage, enveloppe, adresse et cachet.

Demandez des conseils, s'il est nécessaire, mais écrivez vous-mêmes ; que ce soit votre esprit et non celui des autres qui figure sur vos lettres. Il n'est pas permis à des personnes qui ont étudié de copier une lettre toute faite pour l'envoyer à leurs parents ou à leurs amis. Ces recueils sont destinés aux personnes plus âgées, qui, n'ayant pas fait des études suffisantes, ne savent pas trouver les expressions justes pour traduire exactement leurs pensées.

N'oubliez jamais en écrivant que vous donnez dans votre lettre le cachet de votre personne : comme savoir-vivre, par tout ce qui tient à la forme, à la physionomie ; comme éducation, par la délicatesse de vos sentiments ; et comme instruction, par la netteté, la clarté , la simplicité de votre style.

Souvenez-vous de cet axiome latin : *Verba volant, scripta manent* : *Les paroles s'envolent, les écrits restent* ; et quoique vous dussiez écrire comme vous parlez, il faut être plus scrupuleux, plus mesuré, plus prudent encore dans votre correspondance que dans votre conversation.

« Quelle que soit la circonstance dans laquelle on se trouve, dit un judicieux auteur, il faut, lorsqu'on écrit, s'oublier soi-même et penser uniquement à la personne à laquelle on s'adresse ; la politesse par écrit doit être plus scrupuleuse qu'en toute autre occasion. » D'ailleurs on écrit ce qu'on ne dirait pas. Vous ne sauriez, en quittant une personne, lui dire : *Croyez, chère Madame*, ou *Monsieur, à mes sentiments bien affectueux* ; et moins encore : *Agréez l'expression de mes sentiments les plus distingués*. Et ces formules, vous les écrivez.

Dans le langage parlé, le ton, le geste, la physionomie disent bien des choses. Peu de mots accompagnés de ces accessoires, suffisent à traduire une pensée ; tandis qu'en écrivant, il faut tout exprimer et remplacer par des mots tous ces signes de la physionomie. Il est plus difficile d'exprimer exactement sa pensée en certaines circonstances avec des mots qu'avec un seul geste, un regard, un serrement de main.

Beaucoup de personnes qui écrivent le corps d'une lettre sans aucune difficulté, se trouvent souvent embarrassées lorsqu'il s'agit de terminer ; car il y a des formules adoptées et pour ainsi dire consacrées pour la plupart des lettres qui ne sont pas celles de l'intime amitié. Le choix de ces formules est une question très délicate, un point fort embarrassant quelquefois.

Avant d'entrer dans la question du style épistolaire proprement dit, indiquons quelques-unes de ces formules terminatives. Elles ont d'autant plus d'importance qu'on écrit à des personnes plus considérables, avec lesquelles il n'est pas permis de transiger sur les lois de l'étiquette et des choses de convention.

RÉSUMÉ. — Les lettres aux supérieurs doivent être irréprochables pour la forme comme pour le fond.

Titre écrit en vedette, marges convenables, pas de post-scriptum ni de souvenir pour un tiers, écriture lisible, régulière ; faites plutôt copier une lettre que de l'envoyer mal écrite.

Soignez le pli, l'enveloppe, l'adresse et le cachet d'une lettre à un supérieur.

Pour les parents et amis, vous pouvez remplacer la vedette par un mot affectueux.

Employez de préférence le papier blanc.

Vous devez toujours répondre à une lettre, à moins d'un motif sérieux.

Mettez toujours votre lettre sous enveloppe.

Mettez convenablement l'adresse.

Changez l'alinéa, quand vous abordez un nouveau sujet.

Ne formez pas une lettre de recommandation à moins de l'avoir lue à la personne qu'elle concerne.

Écrivez vous-mêmes vos lettres.

Vous donnez dans vos lettres un échantillon de votre personne. *Scripta manent.*

En écrivant, mettez-vous en présence du destinataire.

On écrit ce qu'on ne dirait pas.

CHAPITRE II

Formules terminatives des lettres.

SOMMAIRE. — Différentes manières de terminer les lettres.

Si nous faisons de cette question un chapitre spécial, c'est que la manière de terminer une lettre témoigne peut-être, plus que tout le reste, du respect, de l'estime ou de l'affection de son auteur. Cela explique la difficulté que l'on rencontre souvent à terminer une missive dans le cours de laquelle on a pu cependant, comme Mme de Sévigné, mettre à sa plume la bride sur le cou.

Les formules terminatives sont de trois sortes; elles concernent: 1° les supérieurs; 2° les amis ou les égaux; 3° les inférieurs.

Pour les personnages d'un rang élevé, la terminaison se divise, car on y répète le mot mis en vedette au commencement de la lettre.

J'ai l'honneur d'être avec le plus profond respect,

    Monsieur le Ministre — ou *Monseigneur,*

Votre très humble et très obéissant serviteur,

Ou bien :

Je suis,

    Monseigneur,

Votre très humble et très obéissant serviteur,

Je suis,

    Madame,

De Votre Altesse Royale, — ou *de Votre Majesté, la très humble servante,*

Les chefs d'administration écrivent à leurs subordonnés : *Recevez, Monsieur, l'assurance de ma considération distinguée —* ou *très distinguée,*

A un ecclésiastique, à une personne âgée, à une dame, si c'est un homme qui écrit :

Je vous prie d'agréer,

    Monsieur l'Abbé,

ou *Madame,*

L'assurance — ou *l'expression —* ou *le témoignage de mon respect,*

Le mot *respect* doit toujours figurer dans la terminaison d'une lettre d'un homme à une femme.

Les impératifs ne sont pas compatibles avec les sentiments que l'on veut exprimer envers un supérieur, à quelque degré qu'il se trouve, c'est pourquoi préférez : *Je vous prie*, à *veuillez*. *Agréez* est plus respectueux que *recevez*.

Les *sentiments dévoués* émanent surtout de celui qui peut rendre service. C'est pour cela que cette expression ne convient pas dans une lettre à un supérieur; elle est bien plus de mise dans une lettre à un égal, à un ami ou à un inférieur.

Veuillez agréer l'assurance de mes sentiments distingués — ou *très distingués* — ou *les plus distingués*, est une formule fort employée actuellement. Elle ne signifie pas, comme le dit Mme X., que la personne qui écrit a des sentiments distingués, mais bien qu'elle éprouv pour la personne à laquelle elle écrit des sentiments qu'elle n'accorde pas à tous, elle veut lui dire : Je vous distingue entre tous, dans mes sentiments.

Il y a des formules qui frisent l'impertinence; celle-ci est du nombre :

Recevez l'assurance des sentiments que je vous dois.

C'est ironique, et peut se traduire au besoin par ces mots : Je vous dois peu d'estime, ou je ne vous en dois pas; je vous donne la mesure que vous méritez.

La *parfaite considération, la considération distinguée* est trop style d'administration, ne l'employez pas ou peu, mais si vous l'employez, que ce ne soit jamais avec un supérieur.

Les formules familières sont bien plus faciles à varier. Elles sont ordinairement brèves : *Agréez l'assurance de mes meilleurs sentiments* — ou de *toute ma sympathie.*

Ou bien : *je vous serre amicalement la main, votre tout dévoué, votre ami, votre vieil ami, tout à vous.*

Je suis heureux de vous renouveler l'assurance de ma bien sincère amitié, — ou *de ma bien vive affection.*

Voulez-vous que je vous présente mon respect ?... non, je préfère vous embrasser comme je vous aime.

Adieu chère amie, vous connaissez mes sentiments, — ou *mon dévouement pour vous.*

Vous savez si je vous suis dévouée.

Inutile de te répéter que je suis tout à toi.

Ou bien encore comme Henri IV à Sully :

« *Je t'aime à tort et à travers.* »

Toute expression affectueuse est de mise avec des amis, qu'elle soit originale ou de convention ; l'originale vaut peut-être mieux, car elle émane du plus profond repli de votre esprit ou de votre cœur.

Dans la correspondance très familière, il n'y a pour ainsi dire pas de formule terminative adoptée.

Mais de grâce n'écrivez jamais :

Je suis pour la vie,

Ton fils, — ou ton frère.

Comment en serait-il autrement ?

Celui qui écrit : *Ton fils bien aimé,* fait un contre-sens, car ce ne sont pas les sentiments de celui à qui l'on écrit, que l'on doit exprimer, mais bien les siens propres. Écrivez dans ce cas : *Ton fils qui t'aime tendrement.*

Je vous salue est sec et froid.

Agréez mes salutations est mieux; mais si vous écrivez à un fournisseur quelconque, la meilleure formule est celle-ci :

Recevez, — ou *veuillez recevoir mes compliments.*

Aux étrangers, avec lesquels on est en relations éloignées, on écrit :

Veuillez recevoir mes compliments les plus empressés.

Les *compliments affectueux* s'envoient aux personnes avec lesquelles on agit sans cérémonie, et quand il y a similitude d'âge ou de situation; on peut également écrire:

Votre affectionné, ou encore : *vous pouvez compter sur mon dévouement et ma tendre affection.*

RÉSUMÉ. — La formule terminative d'une lettre a de l'importance ; ne la prenez jamais au hasard.

Exprimez votre profond respect à vos supérieurs, vos sentiments affectueux à vos amis, vos salutations ou vos compliments dans les lettres d'affaires. Votre choix indiquera votre jugement et votre tact.

CHAPITRE III

Du Style en général.

Le style est l'expression écrite de la pensée ; il la peint ou plutôt la grave en traits ineffaçables lors- qu'il atteint un haut degré de supériorité.

Le style est le fruit de la maturité de l'esprit.

« Bien écrire, dit Buffon, c'est tout à la fois bien penser, bien sentir et bien rendre ; c'est avoir en même temps de l'esprit, de l'âme et du goût. Le style suppose la réunion et l'exercice de tontes les facultés intellectuelles. »

Au jeune âge, si l'on ne sait pas causer, on sait encore moins écrire. Exercez-vous, jeunes gens, à former votre style en essayant d'abord, et en relisant souvent quelques passages choisis des grands écrivains.

Avant donc que d'écrire, apprenez à penser,

dit Boileau. En effet, la pensée est le générateur du style. Mais pour bien écrire, il ne suffît pas de penser, il faut encore ordonner ses idées, les mouvementer, choisir avec soin les expressions et les termes qui peuvent le mieux les traduire; car le style étant la forme rendue matérielle, la toilette, si vous l'aimez mieux, de vos pensées; ces pensées, quelles qu'elles soient, si elles sont exprimées avec goût, avec netteté, avec justesse, gagneront par votre art; et vous donnerez ainsi la mesure de votre intelligence. C'est pour cela que Buffon a dit encore: « le style, c'est l'homme même. »

Quoique la beauté du style soit le privilège des gens d'esprit, ne croyez pas cependant que ce privilège soit gratuit, ni qu'il s'acquière sans travail. Non, vous n'écrirez jamais bien sans avoir beaucoup travaillé. Étudiez donc les bons auteurs, et exercez-vous à exprimer votre pensée le plus nettement et le plus justement qu'il vous sera possible.

La négligence et le caprice peuvent altérer les plus beaux dons de la nature. Comment peindriez-vous votre sujet, si d'abord vous ne l'avez médité profondément ? selon l'expression de Boileau :

Travaillez *à loisir*, quelque ordre qui vous presse,
Et ne vous piquez point d'une folle vitesse.

Appliquez-vous à ceci : Vous avez une idée, retournez-la en tous sens ; rendez-vous bien compte de cette idée et des penséesqu'elle fait naître, mettez de l'ordre dans ces pensées,afin qu'elles s'enchaînent et s'harmonisent,.et puis, écrivez.

Une idée, vous le savez, naît de la perception par les sens ou par l'esprit d'un objet quelconque; à cette simple idée se rattachent une foule de pensées.

Un arbre, par exemple, se présente à vos yeux, aussitôt l'image en est portée au cerveau qui conçoit; alors votre esprit pense à tout ce qui se rattache à cette image et dit : Cet arbre est élevé, son tronc est vigoureux, ses rameaux sont nombreux et flexibles, son feuillage touffu répand l'ombre autour de lui. Qu'il est beau dans son ensemble! il est la parure du vallon, mille oiseaux chanteurs y trouvent une retraite et le repos, etc. Apprenez ainsi à penser, en essayant d'énumérer toutes les qualités inhérentes à un objet quelconque placé devant vous, en comparant entre eux des objets divers ou semblables.

— Les termes nous manquent, me direz-vous ; c'est que vous ne cherchez pas, que vous ne creusez pas assez; autrement :

Ce que l'on conçoit bien s'énonce clairement,
Et les mots pour le dire arrivent aisément

« C'est aux paroles à suivre, » dit Montaigne, et notre langue est assez riche pour que nous n'aillions pas chercher bien loin, sans qu'elle nous offre l'expression exacte de notre pensée.

On dit et l'on répète que la langue française est pauvre, et l'on va chercher dans les langues étrangères des termes qui, selon la conviction de ces faibles penseurs, manquent à la langue française ; ces termes ainsi empruntés défigurent le style, ce sont des barbarismes. On les évite par le travail.

— Et quel travail ? me demanderez-vous.

La lecture des bons écrivains d'abord, puis la recherche dans les auteurs anciens d'expressions vieillies, mais pittoresques, véritables mines où vous puiserez de précieux matériaux. Les langues anciennes peuvent aussi vous prêter des termes nouveaux que vous franciserez si vous avez quelque talent ; car les langues aussi offrent une perpétuelle création : ce qui n'existait pas hier, existera demain, tel terme est vieilli et pour ainsi dire admis à la retraite, tel autre terme, au contraire, est adopté.

Un autre moyen de trouver des termes précis, c'est d'étudier la langue populaire et les langues spéciales des arts et des sciences, dont le vocabulaire est loin d'être connu de tous les écrivains.

Molière consultait sa servante, et Malherbe s'en rapportait au jugement du peuple sensé, de ce peuple si habile à trouver le mot qui peint le mieux la chose qu'il veut exprimer.

Des qualités du style.

Quoi que vous écriviez, votre style doit offrir les qualités suivantes : *pureté, clarté, précision, naturel, variété, noblesse, convenance.*

La *pureté* du style consiste dans l'emploi des termes exacts et dans l'observation rigoureuse des règles de la grammaire.

Appelez un chat un chat, et n'allez pas, comme les Précieuses Ridicules, appeler un fauteuil « *les commodités de la conversation.*» Il n'y a qu'un mot pour peindre un objet, trouvez ce mot. Ne nommez pas une canne un bâton, car un bâton n'est pas toujours une canne. Et s'il est correct de dire une

hymne, pour désigner un chant d'église, en disant
une hymne patriotique, on tomberait dans l'*incorrec-
tion*, qui est le défaut opposé à la pureté.

Donc pour bien écrire, apprenez votre grammaire, trouvez l'expression propre à rendre l'image
que vous désignez, vous rappelant que :

Le *solécisme* est aux expressions ce que le *barba-
risme* est aux mots; évitez l'un comme l'autre.

> Mon esprit n'admet point un pompeux barbarisme,
> Ni d'un vers ampoulé l'orgueilleux solécisme.

Il faut donc que l'expression peigne exactement
la pensée comme le mot peint la chose. L'expression
de la pensée ne se trouve pas toujours facilement;
mais, retournez-la sans cesse, jusqu'à ce que vous
ayez trouvé; et, lorsque enfin cette expression sera
venue à votre esprit, vous vous demanderez comment
elle ne s'est pas présentée immédiatement, et vous
trouverez qu'aucune autre expression n'eût comme
celle-là peint votre pensée. Il faut que l'esprit soit
complètement satisfait, et cela sans recourir au solécisme, bien que J.-J. Rousseau ait dit : « Toutes
les fois qu'à l'aide d'un solécisme je pourrai mieux
me faire entendre, ne pensez pas que j'hésite; » et
que Montaigne, dans un accès d'humeur, se soit
écrié: « Que le gascon y arrive, si le français ne
peut y arriver. »

Mais n'allez pas, pour éviter un mal, tomber dans un pire ; c'est-à-dire que la recherche du mot et de l'expression exacts ne vous précipitent pas dans cet écueil que l'on nomme le *purisme*, recherche affectée, exagérée des termes et des expressions.

La clarté tient à l'enchaînement des idées, au choix des expressions et à leur disposition dans la phrase. Pour être clair, il faut que les mots soient transparents et laissent voir la pensée, qu'on lise entre les lignes, qu'on ne puisse, en quoi que ce soit, se méprendre sur ce que vous voulez dire ; et cela sans fatigue, sans recherche : car l'esprit fatigué

> Ne suit point un auteur qu'il faut toujours chercher.

Le défaut opposé à la clarté est l'obscurité qui naît de la confusion des idées. Cette confusion tient à ce qu'on ne s'est pas suffisamment rendu compte de sa pensée, ou bien elle tient à l'ignorance du sujet.

> Si ton esprit veut cacher
> Les belles choses qu'il pense,
> Dis-moi qui peut t'empêcher
> De te servir du silence.

Ne vous hâtez pas cependant, en présence d'une œuvre littéraire, que vous ne comprenez pas de prime abord, de crier à l'obscurité. Si vous ne saisissez pas, cela tient peut-être à la finesse ou à la profondeur de l'écrivain, trop élevé pour que vous puissiez l'atteindre ; discernez et ne dites pas que la comète n'est pas brillante parce qu'elle a disparu à vos yeux pour s'enfoncer dans l'espace incommen-surable. Vous ne la voyez pas, mais elle brille; c'est votre vue qui est en défaut.

La *précision* consiste à dire tout ce qui est néces-saire et rien de plus. Quand le style est précis, vous ne sauriez rien y retrancher, ni ajouter sans préju-dice. Une des formes de la précision est la *concision* qui tranche dans le vif, elle a plus de rapidité, mais elle confine à l'obscurité. Il faut avoir beaucoup de talent pour écrire avec concision, comme Perse, dont elle est le trait caractéristique; la concision ne dit pas tout, elle laisse à deviner, et quelquefois à désirer.

Le défaut opposé à la précision est la prolixité, qui délaye les pensées, les noie dans une quantité de mots qui n'ajoutent rien, et ne font qu'alambiquer le discours, produisant la diffusion, que Voltaire a si bien définie : « Un déluge de mots dans un désert d'idées. »

Le *naturel* est une qualité par laquelle le style semble couler comme de source, et n'avoir coûté aucun effort à l'écrivain ; pas de recherche, pas de contrainte, il semble qu'il y ait presque du laisser aller.

Lorsqu'on lit un ouvrage dont le style est naturel, il semble qu'on en ferait facilement autant ; c'est si simple, si coulant, si dénué de prétentions. Très bien ; mais essayez, et vous verrez qu'on fait quelfois très difficilement les choses les plus faciles en apparence. Dans le style naturel, l'*homme* se montre bien plus que l'auteur : on oublie celui-ci pour ne voir que celui-là.

Un autre caractère essentiel du bon style, c'est la *variété*.

> Un style trop égal et toujours uniforme,
> En vain brille à nos yeux, il faut qu'il nous endorme.

Il faut changer de ton et d'allure, « passer du grave au doux, du plaisant au sévère ». Mme de Sévigné ne parle pas de la mort de Vatel du même ton dont elle raconte la scène de l'incendie arrivé la nuit, où tous, en déshabillé, étaient plus grotesques les uns que les autres. Le style doit être proportionné à la matière que l'on traite ; et, dans le même sujet, il ne faut pas toujours rester au même niveau, mais imiter le cheval, parcourant une route accidentée : il court sur les pentes qu'il descend, gravit péniblement celles qu'il monte, et marche d'un pas mesuré dans la plaine.

16.

La noblesse est l'antithèse de la *trivialité*; elle consiste dans une suppression absolue des expressions et des mots bas et vils, quel que soit d'ailleurs le sujet que l'on traite : « Le style le moins noble a pourtant sa noblesse. » Si vous ne devez pas vous permettre d'être trivial en parlant, combien moins encore en écrivant, puisque « les écrits restent. » Soyez toujours respectueux de vous-mêmes, ce serait vous abaisser que d'employer dans le langage et dans le style des termes bas et grossiers.

> Surtout qu'on vos écrits la langue révérée,
> Dans vos plus grands excès vous soit toujours sacrée.

Pour atteindre la *convenance* du style, il faut que la forme s'adapte au fond, que le ton s'accorde avec le sujet traité. Il ne faut pas, comme dit encore si judicieusement Boileau : « Au milieu d'une églogue entonner la trompette. » Parlez gaiement des choses gaies, gravement des choses sérieuses ; que le style ait la couleur de l'objet dépeint, du sujet traité, et il sera convenable.

Selon le genre que l'on traite, on emploie le style simple, le style tempéré ou le style sublime. Le style épistolaire est simple en général, quelquefois tempéré lorsqu'on y traite de graves sujets, mais jamais sublime. Etudions ce qui convient à notre joust, ce qui se rapporte au style simple.

RÉSUMÉ. — Le style est le fruit de la maturité de l'esprit :
Avant donc que d'écrire apprenez à penser.

Choisissez vos expressions, sans tomber dans le purisme ni l'affectation.

Que votre style soit assez clair pour qu'on ne puisse se méprendre sur ce que vous avez voulu dire : si vous êtes obscur, personne ne vous lira.

Ne criez pourtant pas toujours à l'obscurité, quand vous ne comprenez pas, cela peut tenir à la profondeur de l'écrivain.

Que votre style soit précis, c'est-à-dire qu'on ne puisse rien y retrancher ni ajouter impunément.

La concision tranche dans le vif.

La pureté du style consiste dans l'exactitude des termes employés.

Quand le style est naturel, il semble couler comme de source.

Un style uniforme finit par être ennuyeux.

Il faut pour la perfection du style que le fond et la forme s'harmonisent complètement.

Le style épistolaire appartient au genre simple, tempéré parfois, sublime jamais.

CHAPITRE IV

Du style épistolaire.

Tout ce qui précède s'applique au style des lettres, style spécial, qui doit toujours être clair, précis, tempéré; c'est le style épistolaire, d'un mot latin *epistola*, lettre, d'où vient aussi le mot épître, que l'on donne, comme vous le savez, aux lettres de Saint-Paul et des autres Apôtres, et a de grandes lettres en vers, comme les épîtres de Boileau.

Bien que l'on vous répète à satiété : écrivez comme vous parleriez, il faut cependant observer, en écrivant que dans une lettre les expressions paraissent seules, tandis que dans la conversation, elles sont pour ainsi dire encadrées dans la physionomie, les gestes et le ton de celui qui parle. D'ailleurs, puisqu'il est avéré que ce qui est écrit reste écrit, cela seul exige que vous vous étudiiez davantage dans une lettre que dans une conversation. Dans une lettre, vous donnez avec votre style la photographie de votre âme, tout votre être moral s'y peint ; un seul mot révèle au lecteur la noblesse ou la vulgarité de votre caractère, la droiture de votre esprit, la sanité de votre jugement, le degré de votre politesse, de votre éducation, de votre instruction même.

Donner sur une feuille de papier de pareils échantillons, cela mérite, n'est-ce pas, que vous y preniez garde, et que vous travailliez de façon à pouvoir écrire convenablement à votre tailleur ou à votre couturière, comme à votre ministre.

Vous ne serez sans doute pas appelés à écrire des ouvrages, cela n'est donné qu'à un très petit nombre ; mais qui n'écrit pas des lettres ? Or, il faut que dans une lettre le ton soit conforme à la situation de celui auquel elle s'adresse, au lien qui vous unit, soit hiérarchique, soit amical, soit commercial ou autre ; que cette lettre ait sa couleur franche, et qu'elle porte le cachet de son origine et de sa destination.

1° LETTRES AUX SUPÉRIEURS.

Avec les supérieurs, le style doit toujours être empreint d'une certaine gravité, le ton très respectueux, la forme *concise, claire*; ne dire juste que ce qu'il faut, et le dire de façon à ne donner lieu à aucune équivoque, que l'on sache bien ce que vous voulez, sans vous permettre pour cela de vous étendre beaucoup. Pas de familiarité, en écrivant à un supérieur, pas de négligence, pas de ces louanges outrées; car ces coups d'encensoir, à brûle-pourpoint, sont loin de flatter les gens d'esprit. Bien que La Fontaine eût dit :

Que ne fait-on passer avec un peu d'encens.

Ce vers signifie qu'il en faut, mais *peu*, et qu'il soit adroitement lancé. Exercez-vous à ces sortes de lettres dont le fond doit être soigné, aussi bien que la forme. Remplissez les canevas que vous trouverez plus loin, et quand vous les aurez remplis, demandez-en d'autres à vos maîtres, ce sera un excellent moyen d'apprendre à écrire.

La supériorité, le respect, le devoir, l'amitié, ont chacun un langage propre, que la réflexion, l'exercice et l'usage du monde vous apprendront.

Ceux qui n'écrivent que des lettres familières sont souvent très embarrassés lorsqu'il s'agit d'écrire à

un grand personnage ou à un supérieur, car ils igno-
rent le ton qui convient aux lettres de ce genre, où
doit régner le plus profond respect; et l'on a bien
vite reconnu à son style un auteur qui ne sait pas
son monde, et qui manque d'usage; d'où il suit que
l'on manque le but que l'on voulait atteindre, faute
d'avoir su. En pareil cas, un mot trop familier est
maladroit et blesse le lecteur: une formule terminative non conforme à l'usage adopté fait jeter la lettre
au panier; des détails, dans lesquels on ne doit point
entrer avec des supérieurs, sont fastidieux, et on ne
se donne pas la peine de les lire.

Que cela ne vous étonne pas : un supérieur a le
droit d'exiger de son subordonné, le plus grand respect. D'ailleurs il n'a pas le temps de lire de longues
épîtres, car il en reçoit un grand nombre chaque
jour.

Avec ces défauts, non seulement une lettre manque son but, mais encore elle fait tort à son auteur,
en ce qu'il a donné, en l'écrivant, la mesure de son
mérite en tant que savoir, politesse et usage du
monde; et fût-il d'ailleurs un homme d'esprit, il
s'est fourvoyé, et sa démarche reste sans succès.

Donc, rien de plus délicat, rien qui demande plus
de soin qu'une lettre à un supérieur; s'il en est be-

soin, appliquez à une telle lettre le précepte de Boileau :

Vingt fois sur le métier remettez votre ouvrage.

ou si vous le préférez :

Polissez-le sans cesse et le repolissez ;
Ajoutez quelquefois et *souvent* effacez.

Ces lettres doivent être homogènes, c'est-à-dire soignées du commencement à la fin. Le commencement d'une lettre étudié, et la fin négligée, la rendent très mauvaise, en ce que cette circonstance révèle le peu de soin de l'auteur. S'il devait y avoir diversité, ce serait le contraire qui devrait se produire, cela témoignerait, du moins, que l'attention s'est maintenue jusqu'à la fin, ce dont le destinataire tiendrait compte.

2° LES LETTRES FAMILIÈRES.

Les lettres familières portent leur définition dans leur titre même : on s'y adresse à un parent, à un ami, à toute personne en un mot à qui l'on peut écrire avec la même liberté, tout en conservant le respect dû au rang, à la naissance, à l'âge du lecteur.

Ces lettres sont de beaucoup les plus faciles à composer, elles sont moins un travail qu'un délassement, un plaisir, le seul qui nous soit donné à l'égard des amis absents. C'est parce qu'elle pensait ainsi que Mᵐᵉ de Sévigné, le maître en l'art épistolaire, dit à sa fille que : « lorsqu'elle lui écrit, elle se délasse, tandis qu'elle *laboure* avec les autres. »

Néanmoins, il ne faut jamais oublier, en écrivant des lettres familières, les règles de la bienséance et du bon esprit. N'écrivez jamais rien qui puisse déplaire, à moins que ce ne soit dans l'intérêt du lecteur, et dans ce cas, faites-lui bien comprendre toute la peine que vous éprouvez à lui parler de la sorte, et que c'est pour son bien et par excès d'amitié que vous agissez ainsi.

Il faut alors ménager le caractère de son ami : telle chose qui trouverait les uns indifférents éveillerait les susceptibilités des autres ; celui-ci peut se piquer d'un mot qui fera rire celui-là ; tel se blessera de ce que vous aurez écrit, lorsque vous pensiez n'être que plaisant ou badin.

Un véritable ami, rigoureux, inflexible,
Jamais sur vos défauts ne vous laisse paisible.

Quelque lié que vous soyez, il y a des choses qui ne s'écrivent pas. Soyez toujours sur la réserve à cet égard, pas d'imprudence sur le papier : « *scripta manent !* » On conserve vos lettres, on aime parfois à les communiquer ; aussi, je vous conseille de ne

jamais y critiquer personne, ou plutôt de n'y jamais
attaquer la réputation de qui que ce soit : on se fait
ainsi des ennemis irréconciliables, et sans le savoir.

Je vous citerai à ce propos un exemple historique,
celui de la reine Brunehaut, de tragique mémoire,
dont vous avez appris dans l'histoire de France la
vie si pleine de crimes et la mort horrible.

« La reine Brunehaut avait de nombreux ennemis
parmi les seigneurs Austrasiens, jaloux de son autorité, et qui redoutaient ses implacables vengean-
ces. Un jour la reine d'Austrasie avait écrit une lettre dans laquelle elle annonçait son dessein de faire
périr un des leudes dont elle redoutait le plus l'influence ; mais ayant réfléchi, elle y renonça. Elle
eut l'imprudence de déchirer sa lettre au lieu de la
brûler, et d'en laisser subsister les débris. Ce fut
pour son plus grand malheur ; car les morceaux de
la lettre fatale furent recueillis et remis en ordre à
force de patience et de recherches. L'intention de la
Reine fut ainsi dévoilée ; et, bien qu'elle eût renoncé
à son funeste projet, le seigneur, craignant, non
sans raison, qu'elle ne le reprît dans une autre circonstance, et qu'il ne devînt victime de son ennemie,
ourdit contre elle le complot dont le succès causa la
mort si cruelle de cette reine, fille, sœur, épouse et
mère de tant de rois puissants. »

Tout en laissant courir votre plume à sa guise, en écrivant a des amis, soignez pourtant votre style : que les pensées s'y enchaînent, qu'il n'y ait pas d'obscurité, que les expressions n'en soient ni banales, ni basses, que les lieux communs en soient exclus. On vous lit avec un double plaisir, et, l'appréciation et l'estime se joignant alors à l'amitié, le lien qui vous unit se trouve ainsi resserré. Le cœur seul ne suffit pas ; il faut y joindre un certain mérite, sur quoi l'amitié se fonde et s'affermit ; car on aime à se faire honneur de son choix : « J'estime ce que j'aime ou je cesse d'aimer. »

Soignez donc vos lettres familières autant que les autres. Vous ne savez pas d'ailleurs qui vous lira ; et les inconnus, auxquels vos lettres peuvent être communiquées, vous jugeront, eux, sans préjugés. Il faut donc que les lettres les plus amicales portent aussi cette empreinte du *comme il faut* qui doit régner d'ailleurs sur tout ce qui émane de vous.

A l'œuvre on connaît l'ouvrier.

« Il faut bien connaître sa grammaire, et toutes les inflexions, toutes les ressources du langage, pour s'exprimer à la fois avec élégance et clarté. C'est le goût et l'esprit qui ont créé tous ces mots à l'aide pesquels nous nous exprimons clairement et harmonieusement : chose très rare, don qui n'est accordé *gratuitement* à personne, mais qui est le fruit du travail et de l'intelligence (1). »

Méditez un peu votre sujet ; bien qu'il ne doive pas y avoir de recherche dans une lettre familière, on dit mieux ce que l'on conçoit bien, on y joint le charme du style à l'intérêt du sujet. On y passe avec un art délicat « du grave au doux, du plaisant au sévère. » On y donne plus de sel aux choses piquantes, plus de gaîté aux choses gaies, en assaisonnant son récit de réflexions spirituelles. Non, mes amis, non plus qu'en parlant, on ne doit en écrivant aller droit devant soi, sans plus de réflexion que Gros-Jean :

> Un style trop rapide et qui court en rimant,
> Marque moins trop d'esprit que peu de jugement.

3° Lettres spéciales.

Les relations que vous aurez dans le monde pourront donner à beaucoup d'entre vous de fréquentes occasions d'écrire de ces lettres qui ne sont plus de la nature de celles dont je viens de vous entretenir. Il ne s'agit ni de hiérarchie, ni d'amitié, ni d'affaires ; le cœur n'y est point engagé, non plus que les intérêts : l'esprit seul est en jeu, c'est là qu'il se montre dans tout son jour. Avec le savoir, son congénère,

(1) Extrait de la *Grammaire récréative* du même auteur.

l'esprit y parle à l'esprit, la science à la science; on y badine noblement : la pensée et l'expression doivent si bien s'y harmoniser que rien ne choque. Les pensées très élevées doivent y être rendues avec un certain enjouement; si, au contraire, il n'y a pas de noblesse dans la pensée, exprimez-la par des termes choisis et agréables, car le but de ces lettres est de plaire.

Pas de louange excessive, elle ne saurait convenir aux gens d'esprit; pas de sottes plaisanteries, elles sont toujours de mauvais goût; pas d'équivoque, ni de ces mots à double sens qui portent avec eux l'empreinte d'une certaine grossièreté. Raillez finement, la raillerie spirituelle plaît davantage, mais il n'en faut user qu'avec une excessive délicatesse, afin de ne jamais blesser. Il y a peu de personnes qui aient assez d'esprit pour se permettre la raillerie. Il faut d'ailleurs connaître assez la personne à qui l'on écrit pour savoir ce qu'il convient de lui dire.

Il faut connaître assez le monde pour écrire avantageusement et avec charme sur la pluie et le beau temps, sur la soirée de la veille, le discours de cet orateur, le style ou le plan de tel ouvrage à la mode, le talent de tel artiste, le succès de cet écrivain, les courses, les séances de la Chambre, les réunions académiques, etc.

4º Lettres de circonstances, Compliments, Félicitations, etc.

Ces lettres sont un témoignage de joie ou de plaisir que l'on donne par écrit aux personnes à qui l'on est attaché par devoir, par politesse ou par intérêt, lorsqu'il leur est arrivé quelque bonne ou quelque mauvaise fortune.

Ces sortes de lettres sont ordinairement très courtes, car on ne saurait y traiter un autre sujet que celui qui fait l'objet même de la lettre. On se tromperait fort de penser que l'on peut remplir les quatre pages.

Le sentiment qui doit dominer dans ces épîtres est celui de la joie ou de la douleur que l'on partage avec son ami. Que l'amitié seule, que le cœur uniquement vous inspirent! Or, un sentiment est assez vite exprimé, ce n'est pas par de longues phrases, et encore moins par de longues périodes, que vous convaincrez votre ami de la part que vous prenez à l'événement heureux ou triste qui vient de vous être annoncé. Il faut que le cœur s'exprime assez chaudement pour se manifester sans réserve, afin que l'on ne confonde pas les expressions d'une lettre de ce genre avec ce que dans le monde on est convenu d'appeler un compliment, c'est-à-dire une belle chose que l'on ne pense pas.

S'il s'agit d'une perte, n'appuyez pas trop, ce serait raviver la douleur ; s'il s'agit d'un avantage, n'en énumérez pas toutes les faces, afin que l'on ne vous croie pas envieux. N'exagérez pas les louanges. Que vos expressions soient en rapport avec la destination de votre lettre ; on ne complimente pas son ami, comme un supérieur, ni comme un étranger. Pas trop d'arrangement non plus, cela sent l'écolier ; et d'ailleurs, on ne croit pas aux sentiments, quand le style est trop recherché, trop travaillé, trop châtié : la plume, comme la bouche, parle de l'abondance du cœur. Quand l'esprit cherche à se montrer, dans ces sortes de lettres, il s'atténue, au contraire. N'oubliez donc pas que les lettres de félicitations doivent être courtes ; la longueur n'y tient lieu de rien.

5° LETTRES DE FAIRE PART.

Les lettres de faire part sont de deux sortes : celles qui contiennent une invitation à une cérémonie, mariage ou enterrement, celles où l'on se contente de faire part d'un évènement heureux ou triste, sans aucune invitation.

A Paris, l'invitation accompagne toujours la lettre de faire part, car on aime à réunir la plus nombreuse société possible, pour les cérémonies de l'église.

Les lettres de mariage s'envoient à tous les amis,

à toutes les personnes avec lesquelles on est en relation plus ou moins suivie.

On doit, à moins d'impossibilité absolue, se ren-
à ces invitations.

Un inférieur n'enverra pas de prime-abord une lettre de faire part avec invitation à son supérieur; il lui fera une visite, pour lui annoncer l'événement, et lui exprimera le désir de le voir assister à la cérémonie : si la réponse est affirmative, il enverra alors une lettre de faire part.

Il va sans dire qu'il ne s'agit point ici de l'enterrement; la douleur que l'on éprouve en perdant une personne aimée dispense d'une visite, même à un supérieur. Dans ce cas, n'envoyez d'invitation que si vous pensez que les devoirs de votre supérieur lui permettent de vous faire l'honneur d'assister aux obsèques auxquelles vous le conviez.

On fait part d'un mariage, d'une naissance, d'un décès.

Les lettres de mariage s'envoient en deux exemplaires, car l'évènement est annoncé par les parents du marié et par ceux de la mariée séparément. Lorsque le destinataire ne connaît qu'une des deux familles, celle-ci insérera la lettre de l'autre famille dans la sienne, afin que ce soient les noms connus qui les premiers frappent les regards.

On annonce également une naissance par une lettre de faire part, encadrée d'un liséré rouge pour un garçon, bleu pour une fille.

Pour un décès, les lettres sont rédigées au nom de tous les membres de la famille, en commençant par les plus proches.

Il est triste de voir combien la vanité pénètre profondément au cœur de l'homme, puisque ces lettres de décès, qui annoncent le néant de toutes les grandeurs, et la fumée de toute vanité, sont encore pour un grand nombre une occasion d'affirmer cette vanité. Beaucoup de ces lettres portent, avec le nom des parents du défunt, le titre, la fonction, et quelquefois la profession.

N'est-ce pas pitoyable en effet, dit un homme d'esprit, d'y voir annoncer que l'un des parents est chevalier de la Légion d'honneur, ou membre de plusieurs sociétés savantes, etc. ; et il ajoute : « J'ai entre les mains, au moment où j'écris, une lettre de faire part des plus curieuses. J'y trouve que M. N. est notaire, M. L., avocat, M, C., huissier, M. D., marchand de nouveautés, et M. B., fabricant de bougies : il n'y manque absolument que les adresses pour devenir de la politesse industrielle. »

Soyez plus sensés, et gardez plus de dignité dans votre douleur; afin que le *de profundis*, et le *sic tran-*

sit gloria mundi, ne s'allient pas dans votre lettre à ce qui devrait s'effacer, pour jamais, en présence d'événements qui nous montrent tout le néant des vanités humaines.

On répond aux lettres de faire part, par une simple carte de visite, aux personnes que l'on connaît peu ; et par une lettre, à celles que l'on connaît plus intimement. Vous y exprimez toute la satisfaction que vous éprouvez de l'événement annoncé s'il est heureux ; ou bien la part que vous prenez à la douleur qui afflige la famille, lorsqu'il s'agit d'un décès.

Il va sans dire que dans ces lettres vous ne devez traiter que le sujet qui en fait l'objet, tout autre détail doit en être exclu.

6° LETTRES DE COMMERCE ET D'AFFAIRES.

Les administrateurs, les commerçants, les gens d'affaires, usent en général du papier à entête, et cet entête est naturellement suivi de la date.

Les lettres de commerce s'écrivent ordinairement sur une simple feuille de papier grand format, et comme celles de l'administration, elles sont recopiées sur un livre *ad hoc* que l'on consulte à l'occasion. Les lettres des administrateurs se mettent sous enveloppe, mais non celles des commerçants, à cause du timbre de la poste, qui pourrait se trouver perdu avec l'enveloppe, tandis qu'il reste sur la lettre ; et, en cas de réclamations, d'objections sérieuses, etc., on ne peut contester la date d'expédition.

Le sentiment est absolument banni des lettres d'affaires : les meilleurs modèles, dans ce genre, sont les lettres que les commerçants écrivent eux-mêmes. Je me bornerai donc à vous dire qu'il suffit qu'il y ait de la clarté dans le style, de l'ordre dans les idées, que les termes y soient nets et tout à fait propres à l'objet. Point de questions étrangères au sujet, point de circonstances inutiles, ni d'expressions superflues. Il faut, pour bien composer ces sortes de lettres, être rompu aux affaires, avoir l'esprit juste, et connaître parfaitement les termes qu'il convient d'employer.

RÉSUMÉ. — Le style épistolaire doit être tempéré, clair, précis. Le langage parlé a un cadre que n'a point le langage écrit, voilà pourquoi il importe de donner plus de soins encore à une lettre qu'à une conversation.

Vous donnez dans une lettre la photographie de votre être moral.

Le ton d'une doit lettre être conforme à sa destination.

Les lettres aux supérieurs doivent être graves, très respectueuses et aussi courtes que possible ; pas de familiarités, pas de détails.

Les lettres familières doivent être, comme les autres, empreintes des règles de la bienséance, du bon esprit.

Ménagez le caractère de votre ami.

Soyez prudents sur le papier, n'y critiquez jamais personne.

Que la valeur de vos lettres cimente davàntage votre amitié.

Le *comme il faut* doit régner partout.

L'esprit seul fait les frais des lettres échangées entre gens du monde qu'une circonstance fortuite met en rapport.

Pas de louanges excessives.

Raillez à propos, si vous savez railler.

Les lettres de circonstances doivent être courtes et porter l'empreinte de la sincérité ; c'est le cœur seul qui s'exprime.

S'il s'agit d'une perte, n'avivez pas le chagrin.

S'il s'agit d'une bonne fortune, que rien ne fasse croire que vous êtes envieux.

Complimentez chacun avec le ton qui convient, selon l'objet et la destination de votre lettre.

Rendez vous à l'invitation d'une lettre de faire part.

Il convient de faire une visite à un supérieur avant de lui envoyer une lettre de faire part.

Que la vanité ne vous dicte pas ces sortes de lettres.

Les lettres d'affaires ne sauraient avoir de règles ; qu'il y ait de la clarté dans le style, de l'ordre dans les idées ; que les termes soient nets, techniques même ; n'y traitez aucune question étrangère au sujet.

Les lettres de commerce s'envoient sans enveloppes.

CHAPITRE V

Plan d'une lettre.

1° Commencez par vous excuser, s'il y a lieu, du manque d'exactitude que vous avez apporté soit à écrire, soit à répondre. Donnez brièvement la raison de votre retard, ou bien excusez-vous tout simplement, si le retard n'est pas suffisamment motivé.

2° Entrez ensuite en matière, en abordant le sujet principal de la lettre. Etendez-vous suffisamment pour le bien exposer sans laconisme ni prolixité.

> J'évite d'être long et je deviens obscur,

dit Boileau, au sujet de l'étendue.

Développez donc convenablement le sujet traité, mais

> Souvent la peur d'un mal vous conduit dans un pire.

Évitez de tomber dans un excès contraire en donnant de fastidieux détails.

Soyez plus circonspects, et passez rapidement sur les accessoires, afin de développer convenablement les questions importantes.

3º Informez-vous ensuite des intérêts du lecteur, de ses affaires, de sa santé, de ses projets, de ses plaisirs. Indiquez d'une façon absolue que rien de ce qui le touche ne vous est indifférent.

4º Ensuite, parlez de vous-même, dites tout ce qui peut être agréable à la personne a qui vous écrivez, sans entrer sur ce point dans le détail de choses insignifiantes, fastidieuses même pour le lecteur.

5º Arrive alors l'anecdote piquante, ou quelque scène comique à raconter, quelque intéressante nouvelle locale, ou quelques informations à prendre ou à donner sur les amis communs.

6º Enfin le dernier paragraphe par lequel on prend congé du lecteur; puis vient la formule terminative·

Ainsi les choses se développent au gré du lecteur, qui lit avec plaisir une lettre ainsi conçue.

RÉSUMÉ. — 1• Commencez par vous excuser.

2º Abordez ensuite le sujet important qui occasionne votre lettre; ne soyez ni laconique ni prolixe.

3º Informez-vous des intérêts du lecteur.

4º Parlez de vous-même.

5º Ici se placent les nouvelles locales, les scènes comiques, les anecdotes piquantes.

6º Prenez congé du lecteur et terminez.

CHAPITRE VI

Lettres choisies.

I

Marie Stuart à Elisabeth d'Angleterre.

MADAME,

Quoique je doive mourir par un arrêt signé et scellé de votre main, je ne veux pas que vous croyiez que je meurs votre ennemie. Je suis d'une religion qui m'a appris à supporter tous les maux de ce monde, quels qu'ils puissent être, comme la vôtre vous a laissée les faire impunément. Bien que je me voie condamnée comme criminelle, je n'en suis pas moins innocente. Je serai décapitée non pour avoir voulu vous ôter la vie comme vous l'avez prétendu, mais pour avoir porté une couronne après laquelle on vous a vue si longtemps soupirer. Ce langage vous choquera peut-être ; mais condamnée à mort, qu'ai-je à craindre ? Mon supplice, que vous regardez comme ignominieux, mettra le sceau à ma gloire. Il ne faut pas que vous croyiez m'immoler impunément ; souvenez-vous qu'un jour vous serez jugée ainsi que moi. Loin de souhaiter de me voir vengée, quoique cette vengeance fût juste, je m'estimerais au contraire toute heureuse si la mort temporelle que je

vais souffrir vous ouvrait la voie de cette autre vie
qui doit durer autant que l'éternité.

Adieu, Madame, songez qu'une couronne est un
bienfait dangereux, puisqu'il fait perdre la vie à
votre cousine.

II

Balzac au cardinal de La Valette.

MONSEIGNEUR,

L'espérance qu'on me donne depuis trois mois que
vous devez passer tous les jours en ce pays m'a
empêché jusqu'ici de vous écrire, et de me servir de
ce seul moyen qui me reste de m'approcher de votre
personne.

A Rome, vous marcherez sur des pierres qui ont
été les dieux de César et de Pompée ; vous consi-
dérerez les ruines de ces grands ouvrages dont la
vieillesse est encore belle, et vous vous promènerez
tous les jours parmi les histoires et les fables ; mais
ce sont des amusements d'un esprit qui se contente
de peu, et non pas les occupations d'un homme qui
prend plaisir à naviguer dans l'orage. Quand vous
aurez vu le Tibre, au bord duquel les Romains ont
fait l'apprentissage de leurs victoires et commencé
le long dessein qu'ils n'achevèrent qu'aux extrémités
de la terre ; quand vous serez monté au Capitole où
ils croyaient que Dieu était aussi présent que dans
le ciel, et qu'il y avait enfermé le destin de la monar-
chie universelle ; après que vous aurez passé au travers de ce grand espace qui était dédié aux plaisirs

du peuple, je ne doute point qu'après avoir regardé encore beaucoup d'autres choses, vous ne vous lassiez à la fin du repos et de la tranquilité de Rome.

Il est besoin pour une infinité de considérations importantes que vous soyez au premier conclave, et que vous vous trouviez à cette guerre qui ne laisse pas d'être grande pour être composée de personnes désarmées. Quelque grand objet que se propose votre ambition, elle ne saurait rien concevoir de si haut que de donner en même temps un successeur aux consuls, aux empereurs et aux apôtres, et d'aller faire de votre bouche celui qui marche sur la tête des rois et qui a la conduite de toutes les âmes.

III

Voiture à Mademoiselle de Rambouillet.

MADEMOISELLE,

Je voudrais que vous m'eussiez pu voir aujourd'hui dans un miroir en l'état où j'étais. Vous m'eussiez vu dans les plus effroyables montagnes du monde, au milieu de douze ou quinze hommes les plus horribles que l'on puisse voir, dont le plus innocent en a tué quinze ou vingt autres, qui sont tous noirs comme des diables, et qui ont des cheveux qui leur viennent jusqu'à la moitié du corps, chacun a deux ou trois balafres sur le visage et deux pistolets et deux poignards à la ceinture ; ce sont les bandits qui vivent dans les montagnes des confins du Piémont et de Gênes. Vous eussiez eu peur, sans doute, mademoiselle, de de me voir entre ces messieurs-là, et vous eussiez cru qu'ils m'allaient couper la gorge. De peur d'en être volé, je m'en étais fait escorter, j'avais écrit dès le soir à leur capitaine de me venir accompagner et de se trouver en mon chemin ; c'est ce qu'il a fait, et j'en ai été quitte pour trois pistoles. Mais surtout, je voudrais que vous eussiez vu la mine de mon neveu et de mon valet, qui croyaient que je les avais menés à la boucherie.

Au sortir de leurs mains, je suis passé par des lieux où il y avait garnison espagnole, et là, sans doute, j'ai couru plus de dangers. On m'a interrogé : j'ai dit que j'étais savoyard ; et pour passer pour cela, j'ai parlé, le plus qu'il m'a été possible, comme M. de Vaugelas ; sur mon mauvais accent, ils m'ont laissé passer. Regardez si je ferai jamais de beaux discours qui me valent tant, et s'il n'eût pas été bien mal à propos qu'en cette occasion, sous ombre (1) que je suis à l'Académie, je me fusse piqué de parler bon français. Au sortir de là, je suis arrivé à Savone, où j'ai trouvé la mer un peu plus émue qu'il ne fallait pour le petit vaisseau que j'avais pris, et néanmoins je suis, Dieu merci, arrivé ici à bon port.

Voyez, mademoiselle, combien de périls j'ai courus dans un jour. Enfin je suis échappé des bandits, des Espagnols et de la mer.

IV

Madame de Sévigné à sa Fille, après une séparation.

Voici un terrible jour, ma chère enfant ; je vous avoue que je n'en puis plus. Je vous ai quittée dans

(1) Sous prétexte.

un état qui augmente ma douleur. Je songe à tous les pas que vous faites et à ceux que je fais ; et combien il s'en faut qu'en marchant toujours de cette sorte nous puissions jamais nous rencontrer.

Ce qui s'est passé ce matin me donne une douleur très sensible et me fait un déchirement dont votre philosophie sait les raisons. Je les ai senties et les sentirai longtemps. J'ai le cœur et l'imagination tout remplis de vous ; je n'y puis penser sans pleurer, et j'y pense toujours, de sorte que l'état où je suis n'est pas une chose soutenable ; comme il est extrême, j'espère qu'il ne durera pas dans cette violence. Je vous cherche toujours et je trouve que tout me manque parce que vous me manquez. Mes yeux qui vous ont tant rencontrée depuis quatorze mois ne vous retrouvent plus. Le temps agréable qui s'est passé rend celui-ci douloureux, jusqu'à ce que je sois un peu accoutumée ; mais ce ne sera jamais pour ne pas souhaiter ardemment de vous revoir et de vous embrasser.

Je ne puis pas espérer plus de l'avenir que du passé ; je sais ce que votre absence m'a fait souffrir ; je serai encore plus à plaindre, parce que je me suis fait imprudemment une habitude nécessaire de vous voir. Il me semble que je ne vous ai pas assez embrassée en partant. Qu'avais-je à ménager ? Je ne vous ai point assez dit combien je suis contente de votre tendresse, je ne vous ai point assez recommandée à M. de Grignan, je ne l'ai point assez remercié de toutes ses politesses et de toute l'amitié qu'il a pour moi. J'en attendrai les effets sur tous les chapitres.

Je suis déjà dévorée de curiosité, je n'espère de consolation que de vos lettres, qui me feront encore bien soupirer. En un mot, ma fille, je ne vis que pour vous. Jamais un départ n'a été si triste que le nôtre; nous ne disions pas un mot. Adieu ma chère enfant, plaignez-moi de vous avoir quittée. Hélas ! nous voilà dans les lettres !

V

Madame de Sévigné à Monsieur de Pomponne.

MALICE DE LOUIS XIV A UN VIEUX COURTISAN.

Il faut que je vous conte une petite historiette qui est très vraie et qui vous divertira. Le roi se mêle depuis peu de faire des vers : MM. de Saint-Aignan et de Dangeau lui apprennent comment il faut s'y prendre. Il fit l'autre jour un petit madrigal que lui-même ne trouva pas trop joli. Un matin il dit à M. de Grammont : Monsieur le Maréchal, lisez, je vous prie, ce petit madrigal, et voyez si vous en avez jamais vu un si impertinent : parce qu'on sait que depuis peu j'aime les vers, on m'en apporte de toutes les façons. Le maréchal, après avoir lu, dit au roi : — Sire, Votre Majesté juge divinement bien toutes les choses, il est vrai que voilà le plus sot et le plus ridicule madrigal que j'aie jamais lu. Le roi se mit à rire et lui dit : — N'est-il pas vrai que celui qui l'a fait est un fat ? — Sire, il n'y a pas moyen de lui donner un autre nom. — Oh ! bien, dit le roi, je suis ravi que vous m'en ayez parlé si bonnement ; c'est moi qui l'ai fait. — Ah ! Sire,

quelle trahison! que Votre Majesté me le rende, je
l'ai lu brusquement. — Non, Monsieur le Maréchal,
les premiers sentiments sont toujours les plus naturels.

Le roi a fort ri de cette folie ; et tout le monde
trouve que voilà la plus cruelle petite chose que l'on
puisse faire à un vieux courtisan. Pour moi qui aime
toujours à faire des réflexions, je voudrais que le
roi en fît là-dessus, et qu'il jugeât par là combien il
est loin de connaître jamais la vérité.

VI

Madame de Sévigné à Monsieur de Coulanges.

RENVOI D'UN DOMESTIQUE.

Ce mot sur la semaine est par dessus le marché de
de vous écrire seulement tous les quinze jours, et
pour vous donner avis, mon cher cousin, que vous
aurez bientôt l'honneur de voir *Picard* ; et comme il
est frère du laquais de madame de Coulanges, je
suis bien aise de vous rendre compte de mon procédé. Vous savez que madame la duchesse de
Chaulnes est à Vitré ; elle y attend le duc
son mari dans dix ou douze jours, avec tous
les Etats de Bretagne ; vous croyez que j'ex-
travague : elle attend donc son mari avec tous les
Etats, et en attendant, elle est à Vitré toute seule,
mourant d'ennui. Vous ne comprenez pas que cela
puisse jamais revenir à Picard ; elle meurt donc d'ennui ; je suis sa seule consolation, et vous croyez bien
que je l'emporte d'une grande hauteur sur mesdemoi-

selles de Kerbone et de Kergueoison. Voici un grand
circuit, mais pourtant nous arriverons au but.
Comme je suis donc sa seule consolation,
après l'avoir été voir, elle viendra ici, et je
veux qu'elle trouve mon parterre net et mes
allées nettes, ces grandes allées que vous aimez.
Vous ne comprenez pas encore où cela peut aller.
Voici une autre petite proposition incidente : vous
savez qu'on fait les foins, je n'avais point d'ouvriers ;
j'envoie dans cette prairie, que les poètes ont célé-
brée, prendre tous ceux qui travaillaient pour venir
nettoyer ici ; vous n'y voyez encore goutte ; et, en
leur place, j'envoie mes gens faner. Savez-vous ce
que c'est, que faner ? Il faut que je vous l'explique :
faner est la plus jolie chose du monde, c'est retourner
du foin en batifolant dans une prairie ; dès qu'on en
sait tant, on sait faner. Tous mes gens y allèrent
gaiement ; le seul Picard vient me dire qu'il n'irait
pas, qu'il n'était pas entré à mon service pour cela,
que ce n'était pas son métier, et qu'il aimait mieux
s'en aller à Paris. Ma foi ! la colère m'a monté à la
tête, je songeai que c'était la centième sottise qu'il
m'avait faite ; qu'il n'avait ni cœur ni affection ; en
un mot, la mesure était comble. Je l'ai pris au mot ;
et quoi qu'on m'ait pu dire pour lui, je suis demeurée
ferme comme un rocher, et il est parti. C'est une justice de traiter les gens selon leurs bons ou leurs
mauvais services. Si vous le revoyez, ne le recevez
point, ne le protégez point ; ne me blâmez point, et
songez que c'est le garçon du monde qui aime le moins
à faner, et qui est le plus indigne qu'on le traite bien.

Voilà l'histoire en peu de mots ; pour moi, j'aime les relations où l'on ne dit que ce qui est nécessaire, où l'on ne s'écarte point ni à droite ni à gauche, où l'on ne reprend point les choses de si loin ; enfin je crois que c'est ici sans vanité, le modèle des narrations agréables.

VII

Madame de Sévigné à Madame de Grignan.

SUR LA MORT DE TURENNE.

. . . .
. . . . . Il monta à cheval le samedi à deux heures, après avoir mangé, et comme il avait bien des gens avec lui, il les laissa tous à trente pas de la hauteur où il voulait aller, et dit au petit d'Elbeuf : Mon neveu, demeurez là, vous ne faites que tourner autour de moi, vous me feriez reconnaître. M. d'Hamilton, qui se trouva près de l'endroit où il voulait aller, lui dit : Monsieur, venez par ici, on tirera du côté où vous allez. — Monsieur, lui dit-il, vous avez raison, je ne veux point du tout être tué aujourd'hui, cela sera le mieux du monde. Il eut à peine tourné son cheval qu'il aperçut Saint-Hilaire le chapeau à la main qui lui dit ; Monsieur, jetez les yeux sur cette batterie que je viens de faire placer là. Monsieur de Turenne revint, et dans l'instant, sans être arrêté, il eut le bras et le corps fracassé du même coup qui emporta le bras et la main qui tenait le chapeau de Saint-Hilaire.

Ce gentilhomme qui le regardait toujours ne le

18

voit point tomber ; le cheval l'emporte où il avait
laissé le petit d'Elbeuf ; il était penché le nez sur
l'arçon : dans ce moment le cheval s'arrête ; le héros
tombe entre les bras de ses gens ; il ouvre deux fois
de grands yeux et la bouche, et demeure tranquille
pour jamais. Songez qu'il était mort et qu'il avait
une partie du cœur emportée ; on crie, on pleure :
M. d'Hamilton fait cesser ce bruit et ôter le petit
d'Elbeuf qui s'était jeté sur le corps, qui ne voulait
pas le quitter et qui se pâmait de crier. On couvre le
corps d'un manteau, on le porte dans une haie, on
le garde à petit bruit ; un carosse vient, on l'emporte
dans sa tente. Ce fut là *où* M. de Lorges, M. de Roye
et beaucoup d'autres pensèrent mourir de douleur ;
mais il fallut se faire violence et songer aux grandes
affaires qu'on avait sur les bras. . . . .

VIII

**Madame de Maintenon à sa nièce, Mademoiselle
d'Aubigné.**

SUR SON PENCHANT A LA FIERTÉ.

Je vous aime trop, ma nièce, pour ne pas vous
dire vos vérités ; je les dis bien aux demoiselles de
Saint-Cyr ! Et comment vous négligerais-je, vous
que je regarde comme ma propre fille ? Je ne sais si
c'est vous qui leur inspirez la fierté qu'elles ont, ou
si ce sont elles qui vous donnent celle qu'on admire
en vous. Quoi qu'il en soit, vous serez insupportable si
vous ne devenez humble. Le ton d'autorité que vous
prenez ne vous convient point. Vous croyez-vous

un personnage important, parce que vous êtes nour-rie dans une maison où le roi va tous les jours? Je ne suis point prévenue contre vous et je vous aime; mais, je vois en vous un orgueil effroyable.

Vous savez l'Evangile par cœur ; eh ! qu'importe, si vous ne vous conduisez point par ses maximes? Songez que c'est uniquement la fortune de votre tante qui a fait celle de votre père, et qui fera la vôtre ; et moquez-vous des respects qu'on vous rend. Vous voudriez même vous élever au-dessus de moi: ne vous flattez pas ; je suis très peu de chose et vous n'êtes rien. Je vous parle comme à une grande fille, parce que vous en avez l'esprit. Je consenti-rais de grand cœur que vous en eussiez moins, pourvu que vous perdissiez cette présomption ridi-cule devant les hommes et criminelle devant Dieu. Que je vous retrouve à mon retour, modeste, douce, timide, docile ; je vous en aimerai davantage.

IX

Madame de Maintenon à une dame de Saint-Louis.

POUR L'ENGAGER A N'AIMER, A NE SERVIR QUE DIEU

Il ne vous est pas mauvais de vous trouver dans des troubles d'esprits ; vous en serez plus humble, et vous sentirez que nous ne trouvons nulle res-source en nous, quelque esprit que nous ayons. Vous ne serez jamais contente, ma chère fille, que que lorsque vous aimerez Dieu de tout votre cœur ! Que ne puis-je vous donner toute mon expérience ! Que ne puis-je vous faire voir l'ennui qui dévore les grands et la peine qu'ils ont à remplir leurs journées ! Ne voyez vous pas que je meure de tristesse dans une fortune qu'on aurait eu peine à imaginer, et qu'il n'y a que le secours de Dieu qui m'empêche d'y succomber.

J'ai été jeune et jolie, j'ai eu des fêtes et des plaisirs, j'ai été aimée partout; dans un âge un peu avancé, j'ai passé des années dans le commerce de l'esprit, je suis parvenue à la faveur ; et je vous proteste, ma chère fille, que tous les états laissent un vide affreux, une inquiétude, une lassitude, une envie de connaître autre chose, parce que, en tout cela, rien ne satisfait entièrement. On n'est en repos que lorsqu'on s'est donné à Dieu, mais avec cette volonté déterminée dont je vous parle quelquefois; alors on sent qu'il n'y a plus rien à chercher, qu'on est arrivé à ce qui seul est bon sur la terre ; on a des chagrins, mais on a aussi une solide consolation, et la paix au fond du cœur, au milieu des plus grandes peines.

X

Fénelon à son neveu.

REMPLIR SES DEVOIRS.

Je souhaite qu'en t'éloignant de Cambrai tu ne te sois point éloigné de notre commun centre, et que notre absence n'est point diminué en toi la présence de Dieu. L'enfant ne peut pas être tenu sans cesse par les lisières, on l'accoutume à marcher seul. Tu ne m'auras pas toujours ; il faut que Dieu te fasse cent fois plus d'impression que moi, vile et indigne créature.

Fais ton devoir parmi tes officiers, avec exactitude, sans minutie, patiemment et sans dureté. On deshonore la justice quand on n'y joint point la douceur, les égards et la condescendance; c'est faire mal le bien. Je veux que tu te fasses aimer; mais Dieu seul peut te rendre aimable, car tu ne l'es point par ton naturel raide et âpre. Il faut que la main de Dieu te manie pour te rendre souple et pliant; il faut qu'il te rende docile, attentif à la pensée d'autrui, défiant de la tienne, et petit comme un enfant; tout le reste est sottise, enflure et vanité.

XI

Du même au même.

RÉSIGNATION DANS LES SOUFFRANCES.

J'attends, mon très cher enfant, de vos nouvelles. Puisque vous vous êtes livré patiemment à une si rude et si longue opération, il faut au moins en tirer le fruit et ne gâter rien par la moindre précipitation. Le Dieu de patience et de soulagement vous soutiendra, si vous êtes fidèle à le chercher souvent au dedans de vous avec une conscience filiale. A quel propos disons-nous tous les jours : « Notre Père qui êtes aux cieux, » si nous ne voulons pas être dans son sein et entre ses bras comme des enfants tendres, simples et dociles ? Comment êtes-vous avec moi, vous qui savez combien je vous aime. Oh ! combien le Père céleste est-il **plus père**, plus compatissant, plus bienfaisant, plus aimant que moi ! Toute mon amitié pour vous n'est qu'un faible écho de la sienne. La mienne n'est qu'emprutée de son cœur ; ce n'est qu'une goutte qui vient de cette source intarissable de bonté.

Celui qui a compté les cheveux de votre tête, pour n'en laisser tomber aucun qu'à propos et utilement, compte vos douleurs et les heures de vos épreuves. Il est fidèle à ses promesses et à son amour. Il ne permettra pas que la douleur vous tente au dessus de ce que vous pouvez souffrir, mais il tirera votre progrès de la tentation ou de l'épreuve. Abandonnez-vous donc à lui ; laissez-le faire. Portez votre chère croix qui sera précieuse pour vous si vous la portez bien. Apprenez à souffrir, en l'apprenant, on apprend tout. Que sait celui qui n'a point été tenté ? Il ne connaît ni la bonté de Dieu, ni sa propre faiblesse.

XII

Voltaire à Monsieur de Brenlés.

DEMANDE.

Vous souvenez-vous de moi ? pour moi, je vous aimerai toujours, quoique je ne sois plus suisse. Voici, mon cher Monsieur, de quoi il est question. Vous savez que j'ai acheté des terres en France pour être plus libre. Une descendante du grand Corneille vient dans ces terres. Vous serez peut-être surpris qu'une nièce de *Rodogune* sache à peine lire et écrire ;

mais son père, malheureusement réduit à l'état le
plus indigent, et, plus malheureusement encore,
abandonné de Fontenelle, n'avait pas eu de quoi
donner à sa fille les commencements de la plus
mince éducation. On m'a recommandé cette infor-
tunée ; j'ai cru qu'il convenait à un soldat de nourrir
la fille de son général. Elle arrive chez moi, elle a
appris un peu à lire et à écrire d'elle-même ; on la
dit aimable ; je me ferai un plaisir de lui servir de
père et de contribuer à son éducation qu'elle seule
a commencée. Si vous connaissez quelque pauvre
homme qui sache lire et écrire, et qui puisse même
avoir une teinture de géographie et d'histoire, qui
soit du moins capable de l'apprendre, et d'enseigner
le lendemain ce qu'il aura appris la veille, nous le
logerons, chaufferons, blanchirons, nourrirons,
abreuverons et payerons ; mais payerons très médio-
crement, car je me suis ruiné à bâtir des châteaux,
des églises et des théâtres. Voyez, avez-vous quelque
pauvre ami ? Vous m'avez déjà donné Corbo dont je
suis fort content : ses gages sont médiocres, mais il
est très bien dans le château de Tournay ; son frère
n'est pas mieux dans celui de Ferney. Notre savant
pourrait bien avoir les mêmes appointements. Déci-
dez ; bonsoir ; mille compliments à madame votre
femme.

XIII

Voltaire à Thiriot son ami.

REPROCHES.

Oui, je vous injurierai jusqu'à ce je vous aie guéri de votre paresse. Je ne vous reproche point de souper tous les soirs avec M. de la Poplinière; je vous reproche de borner là toutes vos pensées et toutes vos espérances. Vous vivez comme si l'homme avait été créé uniquement pour souper, et vous n'avez d'existence que depuis dix heures du soir jusqu'à deux heures après minuit. Vous restez dans votre trou jusqu'à l'heure des spectacles, à dissiper les fumées du souper de la veille ; aussi vous n'avez pas un moment pour penser à vous et à vos amis. Cela fait qu'une lettre à écrire devient un fardeau pour vous. Vous êtes un mois entier à répondre. Et vous avez encore la bonté de vous faire illusion, au point d'imaginer que vous serez capable d'un emploi et de faire quelque fortune, vous qui n'êtes pas capable seulement de vous faire, dans votre cabinet, une occupation suivie, et qui n'avez jamais pu prendre sur vous d'écrire régulièrement à vos amis, même dans des affaires intéressantes pour vous et pour eux. Vous avez passé votre jeunesse, vous deviendrez bientôt vieux et infirme ; voilà à quoi il faut que vous songiez. Il faut vous préparer une arrière-saison tranquille, heureuse, indépendante. Que deviendrez-vous, quand vous serez malade et aban-

donné? Sera-ce une consolation pour vous de dire :
J'ai bu du vin de Champagne autrefois en bonne
compagnie ? Songez qu'une bouteille qui a été fêtée
quand elle était pleine de l'eau des Barbades, est
jetée dans un coin dès qu'elle est cassée, et qu'elle
reste en morceaux dans la poussière ; que voilà ce
qui arrive à tous ceux qui n'ont songé qu'à être
admis à quelques soupers, et que la fin d'un vieil
inutile infirme est quelque chose de bien pitoyable.
Si cela ne vous donne pas un peu de courage et ne
vous excite pas à secouer l'engourdissement dans
lequel vous laissez votre âme, rien ne vous guérira.
Si je vous aimais moins, je vous plaisanterais sur
votre paresse ; mais je vous aime et je vous gronde
beaucoup.

Cela posé, songez donc à vous, et puis songez à
vos amis. N'oubliez point vos amis, et ne passez pas
des mois entiers sans leur écrire un mot. Il n'est point
question d'écrire des lettres pensées et réfléchies avec
soin, qui peuvent un peu coûter à la paresse, il n'est
question que de deux ou trois mots d'amitié et quelques nouvelles, soit d'amitié, soit des sottises humaines, le tout courant sur le papier, sans peine et sans
attention. Il ne faut pour cela que se mettre un demi-
quart d'heure vis-à-vis son écritoire. Est-ce donc là
un effort si pénible ? J'ai d'autant plus d'envie d'avoir
avec vous un commerce régulier, que votre lettre
m'a fait un plaisir extrême.

XIV

Voltaire à Mademoiselle X...

CONSEILS LITTÉRAIRES.

Je ne suis, mademoiselle, qu'un vieux malade, et il faut que mon état soit bien douloureux puisque je n'ai pu répondre plus tôt à la lettre dont vous m'honorez, et que je ne vous envoie que de la prose pour vos jolis vers. Vous me demandez des conseils, il ne vous en faut point d'autres que votre goût. L'étude que vous avez faite de la langue italienne doit encore fortifier ce goût avec lequel vous êtes née et que personne ne peut donner. Le Tasse et l'Arioste vous rendront plus de services que moi, et la lecture de nos meilleurs poètes vaut mieux que toutes les leçons ; mais puisque vous daignez de si loin me consulter, je vous invite à ne lire que les ouvrages qui sont depuis longtemps en possession des suffrages du public et dont la réputation n'est point équivoque : il y en a peu, mais on profite bien davantage en les lisant qu'avec tous les mauvais petits livres dont nous sommes inondés. Les bons auteurs n'ont de l'esprit qu'autant qu'il en faut, ne le recherchent jamais, pensent avec bon sens et s'expriment avec clarté. Il semble qu'on n'écrive plus qu'en énigmes. Rien n'est simple, tout est affecté, on s'éloigne en tout de la nature ; on a le malheur de vouloir mieux faire que nos maîtres.

Tenez-vous-en, mademoiselle, à tout ce qui vous plaît mieux. La moindre affectation est un vice. Les

Italiens n'ont dégénéré après le Tasse et l'Arioste, que parce qu'ils ont voulu avoir trop d'esprit ; et les Français sont dans le même cas. Voyez avec quel naturel madame de Sévigné et d'autres dames écrivent. Comparez ce style avec les phrases entortillées de nos petits romans. Je vous cite les héroïnes de votre sexe parce que vous me paraissez faite pour leur ressembler. Il y a des pièces de madame Deshoulières qu'aucun auteur de nos jours ne pourrait égaler. Si vous voulez que je vous cite des hommes, voyez avec quelle simplicité notre Racine s'exprime toujours. Chacun croit, en le lisant, qu'il dirait en prose ce que Racine a dit en vers ; croyez que tout ce qui ne sera pas aussi clair, aussi simple, aussi élégant, ne vaudra rien du tout.

Vos réflexions, mademoiselle, vous en apprendront cent fois plus que je ne pourrais vous en dire. Vous verrez que nos bons écrivains, Fénelon, Bossuet, Racine, Despréaux, employaient toujours le mot propre. On s'accoutume à bien parler en lisant souvent ceux qui ont bien écrit : on se fait une habitude d'exprimer simplement et noblement sa pensée sans effort. Ce n'est point une étude, il n'en coûte aucune peine de lire ce qui est bon et de ne lire que cela. On n'a de maître que son plaisir et son goût.

Pardonnez, mademoiselle, à ces longues réflexions ; ne les attribuez qu'à mon obéissance à vos ordres.

J'ai l'honneur, etc.

XV

Diderot à Mademoiselle Voland.

INCENDIE DE L'HÔTEL DE BACQUEVILLE.

Hier, je revenais de chez Damilaville, à minuit, par le plus affreux temps du monde. Arrivé à ma porte, Jeanneton appelée, en attendant qu'elle descendit, mon fiacre m'a dit qu'un hôtel qui fait le coin de la rue des Saints-Pères, à côté de chez moi, habité par M. de Bacqueville, était en feu ; et le tocsin qui sonnait de tous côtes m'a confirmé qu'il disait vrai. Le feu y était depuis midi ; et aujourd'hui, quand j'ai passé sur le quai, il n'était pas encore éteint. Une grande aile de l'hôtel a été brûlée. Ce M. de Bacqueville était un fou, car il n'est plus. D'abord il n'a pas voulu ouvrir ses portes, menaçant le premier qui mettrait le pied dans sa cour de lui brûler la cervelle d'un coup de pistolet. Il a cru qu'il n'y avait plus rien, et sur les cinq heures il s'en est allé à l'Opéra. Là, on est venu l'avertir que l'incendie s'était renouvelé et il a répondu : « Eh bien, ce sera une maison de brûlée, qu'on me laisse en repos. » Après le spectacle, dont il n'a pas perdu un moment, il s'en est allé chez lui. On voulait l'empêcher d'entrer, inutilement ; il disait qu'il se souciait fort peu que ses meubles fussent brûlés, qu'il en achèterait d'autres ; moins encore que son or et son argent fussent fondus, qu'on les retrouverait en lingots dans les décombres ; mais qu'il fallait qu'il

sauvât ses papiers. — Mais, monsieur, vous périrez.
— Je ne périrai pas ; ma maison a des détours qui
ne sont connus que de moi et par lesquels je m'échap-
perai. Si on ne me voit pas revenir, qu'on n'en soit
pas inquiet, je serai avec mes papiers dans un de
mes caveaux. On a visité les caveaux : on y a bien
trouvé les papiers, mais point l'homme. Il se faisait
une joie de tromper son fils. « Le coquin, disait-il,
me croira brûlé, il en sera au comble de la joie, il
attend ma mort et je me fais un plaisir de lui appa-
raître au moment où il s'y attendra le moins. » On
raconte de cet homme cent folies. On dit qu'il avait
fait pendre un cheval vicieux dans son écurie pour
servir d'exemple aux autres. On dit qu'ayant voulu
faire l'essai d'une machine à voler dans l'air, qu'il
avait inventée, il s'était cassé une cuisse : au demeurant, c'était un vilain avare, très riche, et qui a vécu
jusqu'à quatre-vingts ans.

XVI

Joubert à Monsieur de Chateaubriand.

M. Maillet-Lacoste, vrai métromane en prose et
l'homme du monde le plus capable de bien écrire,
si, ne voulant pas écrire trop bien, il pouvait quelquefois s'occuper d'autre chose que de ce qu'il écrit ;
M. Maillet-Lacoste, qui sera jeune jusqu'à cent ans,
et qui est le meilleur, le plus sensé, le plus honnête,
le plus incorruptible et le plus naïf de tous les jeunes
gens de tout âge ; mais qui donne à sa candeur
même un air de théâtre, parce que sa chevelure hé-

rissée, ses attitudes et le son même de sa voix se ressentent des habitudes qu'il a prises sur le trépied où il est sans cesse monté quand il est seul, et d'où il ne descend guère quand il ne l'est pas ; M. Maillet, à qui il ne manque que de la paresse, du relâche, de la détente de tête pour travailler admirablement, et qui a travaillé avec autant d'éloquence que de courage, il y a vingt ans, contre la tyrannie de l'époque, comme l'attestent des opuscules dont je vous ai remis, il y a dix ans, un exemplaire qui vous aurait fait connaître son mérite si vous l'aviez lu, mais que vous n'avez pas lu, parce que occupé comme vous l'êtes, vous ne lisez rien, et je crois que vous faites bien, par une prérogative qui n'appartient qu'à vous ; M. Maillet, qui a perdu une assez grande for à Saint-Domingue, sans y prendre garde et sans pouvoir s'en souvenir, parce qu'il était occupé d'une fable de Phèdre, et que depuis il est perpétuellement aux prises avec une période de Cicéron ou avec une des siennes ; M. Maillet, qui, mis en déportation par le Directoire, entra dans une école de Bretagne dont il fit la fortune, pour des souliers et un habit, sans s'apercevoir ni de l'injustice des hommes, ni de son changement de situation parce qu'il est toujours en repos, quoique toujours agité sur le sommet de ses idées ; M. Maillet, qui, avec les plus hautes, mais les plus innocentes prétentions, met à ses fonctions obscures de professeur autant d'importance que s'il n'était qu'un sot ; qui en remplit tous les devoirs avec a conscience et le dévouement d'un Rollin ; qui excelle à tout enseigner et enseigne tout

ce qu'il veut, depuis le rudiment jusqu'à l'arithmé-
tique, en passant par tous les degrés intermédiaires,
humanités, rhétorique et philosophie ; M. Maillet,
dont le destin est d'être apprécié et oublié ; que
l'Université, tout en rendant justice à son mérite
académique, laisse en province quand tant d'autres
sont à Paris ; que M. de Fontanes lui-même a négligé, quoiqu'il fut très déterminé à le servir ; que
M. Dussault a quelquefois admiré ; qui compte un
grand nombre de partisans, mais dont tout le monde
parle en souriant, excepté moi ; M. Maillet, qui a
une ambition que tous les lauriers du Parnasse ne
couronneraient pas assez, et une modération que le
suffrage d'un enfant contenterait ; qui donnerait tous
les biens de ce monde, quoique occupé de ceux de
l'autre, pour une louange, et toutes les louanges de
la terre pour une des vôtres, ou pour un moment de
votre bienveillance et de votre attention ; M. Maillet,
enfin, dont je vous ai parlé plusieurs fois, mais dont
le nom peut-être vous sera nouveau, parce que la
fatalité qui le poursuit sans qu'il s'en doute vous aura
sûrement rendu sourd ; M. Maillet donc vient d'arriver à Paris. Je lui envoie tout ouverte cette recommandation, dont un autre se fâcherait et qui le com-
blera de joie. Ayez-y égard, je vous en conjure.
Accueillez mon Maillet, le plus sage des fous et le
plus fou des sages, mais un des meilleurs esprits du
monde, si cet esprit était plus froid, et une des meilleures âmes que le ciel ait jamais créées, quoiqu'il ne
soit occupé que de son esprit ; espèce d'aigle sans bec,
sans serres, sans fiel, mais non pas sans élévation,

assurément ; un jeune homme de l'autre monde, que
les connaisseurs généreux comme vous l'êtes doivent apprécier dans celui-ci, afin que justice soit
faite, car il n'y fera pas fortune. Rendez-le heureux
avec un mot et un sourire, cela me fera du bien.
Adieu.

XVII

Virginie à sa Mère.

Très chère et bien-aimée Maman,

Je vous ai déjà écrit plusieurs lettres, et comme
je n'ai pas eu de réponse, je crains qu'elles ne vous
soient pas parvenues. J'espère mieux de celle-ci par
les précautions que j'ai prises pour vous donner de
mes nouvelles et recevoir des vôtres.

J'ai versé bien des larmes depuis notre séparation,
moi qui n'en avais presque jamais répandu que sur
les maux d'autrui ! Ma grand'tante a paru bien surprise quand elle m'a vue arriver, et surtout lorsque
m'ayant questionnée sur mes talents, je lui ai dit
que je ne savais ni lire ni écrire. Elle m'a demandé
qu'est-ce donc que j'avais appris depuis que j'étais au
monde ; et quand je lui ai répondu que c'était à prendre soin d'un ménage et à faire votre volonté en quoi
que ce fût, elle m'a dit que l'éducation que j'avais
reçue était celle d'une servante ; elle m'a mise dès
le lendemain en pension dans une grande abbaye,
près de Paris, où j'ai des maîtres de toutes espèces.
Ils m'enseignent l'histoire, la géographie, la grammaire, les mathématiques et l'équitation ; mais le

peu de dispositions que j'ai montré jusqu'à présent pour toutes ces sciences décourage ces messieurs. Je sens que je suis une pauvre créature qui ai peu d'esprit, comme ils le font entendre . . . .

. . . .

Vous m'avez enjoint de vous mander les peines et les plaisirs que j'ai ressentis depuis le jour où je me suis vue forcée de vous quitter ; je n'ai goûté aucune espèce de plaisirs ; quant à mes peines, je les ai adoucies autant que j'ai pu en pensant que je suis dans un poste où vous m'avez mise par la volonté de Dieu. Mais le plus grand chagrin que j'aie, c'est que personne ne me parle de vous ici, et que, quelque envie que j'en aie, je n'en puis parler à personne. Mes femmes de chambre, où plutôt celles de ma grand'tante, car elles sont plus à elle qu'à moi, m'ont dit, toutes les fois que je me suis efforcée d'amener la conversation sur des objets qui me sont si chers : « Mademoiselle, souvenez-vous que vous êtes française et qu'il faut que vous oubliez le plus tôt possible le pays des sauvages. » Ah ! je m'oublierais plutôt moi-même que d'oublier le lieu qui m'a vue naître et où je vous ai laissée ! C'est ce pays-ci qui est pour moi un pays de sauvages, car j'y vis seule, n'ayant personne à qui je puisse faire part de l'amour que je vous porterai jusqu'au tombeau.

Votre obéissante et tendre fille ,

VIRGINIE DE LA TOUR.

(Bernardin de Saint-Pierre.)

XVIII

Joseph de Maistre à Mademoiselle Constance de Maistre.

J'ai reçu avec un extrême plaisir, ma chère enfant, ta dernière lettre non datée. Je l'ai trouvée pleine de bons sentiments et de bonnes résolutions. Je suis entièrement de ton avis ; celui qui *veut* une chose en vient à bout ; mais la chose la plus difficile dans le monde, c'est de vouloir. Personne ne peut savoir qu'elle est la force de la volonté, même dans les arts. Je veux te conter l'histoire du célèbre Harisson de Londres. Il était au commencement du dernier siècle jeune garçon charpentier au fond d'une province, lorsque le Parlement proposa le prix de 10,000 livres sterling pour celui qui inventerait une montre à équation pour le problème des longitudes. Harisson se dit à lui-même : Je veux gagner ce prix ; il jeta la scie et le rabot, vint à Londres, se fit garçon horloger, *travailla quarante ans*, et gagna le prix. Qu'en dis-tu, ma chère Constance ? cela s'appelle-t-il vouloir ?

J'aime le latin pour le moins autant que l'allemand ; mais je persiste à croire que c'est un peu tard. A ton âge, je savais Virgile et compagnie par cœur, et il y avait alors environ cinq ans que je m'en mêlais. On a voulu inventer des méthodes faciles, mais ce sont de pures illusions. Il n'y a point de méthodes faciles pour apprendre les choses difficiles. L'unique méthode est de fermer sa porte, de

faire dire qu'on n'y est pas, et de travailler. Depuis
qu'on s'est mis à nous apprendre en France comment il fallait apprendre les langues mortes, personne ne les sait, et il est assez plaisant que ceux
qui ne les savent pas veuillent absolument prouver
le vice des méthodes employées par nous qui les
savons.

Voltaire a dit, à ce que tu me dis, que *les femmes
sont capables de faire tout ce que font les hommes*, etc. ; c'est un compliment fait à quelque jolie
femme, ou bien c'est une des cent mille et mille
sottises qu'il a dites dans sa vie. La vérité est précisément le contraire. Les femmes n'ont fait aucun
chef-d'œuvre dans aucun genre. Elles n'ont fait ni
l'*Illiade*, ni l'*Enéide*, ni la *Jérusalem délivrée* ; ni
Phèdre, ni *Athalie*, ni *Rodogune*, ni le *Misanthrope*, ni
Tartufe, ni *Le Joueur*; ni le *Panthéon*, ni l'*Eglise
Saint-Pierre*, ni la *Vénus de Médicis*, ni l'*Apollon du
Belvédère*, ni le *Persée* ; ni le livre des *Principes*, ni le
Discours sur l'histoire universelle, ni *Télémaque*. Elles
n'ont inventé ni l'algèbre, ni les téléscopes, ni les
lunettes achromatiques, ni la pompe à feu, ni le
métier à bas, etc. ; mais elles font quelque chose de
plus grand que tout cela : c'est sur leurs genoux
que se forme ce qu'il y a de plus excellent dans le
monde : *un honnête homme et une honnête femme*.
Si une demoiselle s'est laissée bien élever, si elle
est docile, modeste et pieuse, elle élève des enfants
qui lui ressemblent, et c'est le plus grand chef-d'œuvre du monde. Si elle ne se marie pas, son mérite
intrinsèque, qui est toujours le même, ne laisse pas

aussi que d'être utile autour d'elle d'une manière ou d'une autre. Quant à la science, c'est une chose très dangereuse pour les femmes : on ne connaît presque pas de femmes savantes qui n'aient été ou malheureuses, ou ridicules par la science. Elle les expose habituellement au *petit* danger de déplaire aux hommes et aux femmes ; aux hommes qui ne veulent pas être égalés par les femmes, et aux femmes qui ne veulent pas être surpassées. La science, de sa nature, aime à paraître ; car nous sommes tous orgueilleux. Or voilà le danger, car la femme ne peut être savante impunément, qu'à la charge de cacher ce qu'elle sait, avec plus d'attention que l'autre sexe n'en met à le montrer. Sur ce point, ma chère enfant, je ne te crois pas forte ; ta tête est vive, ton caractère décidé ; je ne te crois pas capable de te mordre les lèvres lorsque tu es tentée de faire une petite parade littéraire. Tu ne saurais croire combien je me suis fait d'ennemis jadis pour avoir voulu en savoir plus que nos bons Allobroges (1) : j'étais pourtant bien réellement homme. Juge ce qu'il en est d'une petite demoiselle qui s'avise de monter sur le trépied pour rendre des oracles ! Une coquette est plus aisée à marier qu'une savante ; car pour épouser une savante, il faut être sans orgueil, ce qui est très rare ; au lieu que pour épouser la coquette, il ne faut qu'être fou, ce qui est très commun. Le meilleur remède contre les inconvénients de la science chez les femmes, c'est précisément le

(1) Nom des anciens habitants de la Savoie et du Dauphiné.

taconnage dont tu ris. Il faut même y mettre de l'affectation avec toutes les commères possibles. Le fameux Haller était un jour à Lausanne, assis à côté d'une respectable dame de Berne, très bien apparentée, au demeurant cocasse du premier ordre. La conversation tomba sur les gâteaux, article principal de la constitution de ce pays. La dame lui dit qu'elle savait faire quatorze espèce de gâteaux. Haller en demanda le détail et l'explication. Il écouta patiemment jusqu'au bout, sans la moindre distraction et sans le moindre air de berner la Bernoise. La *sénatrice* fut si enchantée de la *science* et de la courtoisie de Haller, qu'à la première élection elle mit en train tous ses cousins, toute sa clique, toute son influence, et lui fit avoir un emploi que jamais il n'aurait eu sans le beurre, et les œufs, et le sucre, et la pâte d'amande, etc. Or donc, ma très chère enfant, si Haller parlait de gâteaux, pourquoi ne parlerais-tu pas de bas et de chaussons ? Pourquoi même n'en ferais-tu pas, pour avoir part à quelque élection. Car les *taconneuses* influent beaucoup sur les élections.

Je connais ici une dame qui dépense cinquante mille francs pour sa toilette, quoiqu'elle soit grand'-mère. Elle est fort aimable et m'aime beaucoup, n'en déplaise à ta mère, de manière qu'il ne m'arrive jamais de passer six mois sans la voir. Tout bien considéré, elle s'est mise à tricoter. Il est vrai que dès qu'elle a fait un bas elle le jette par la fenêtre et s'amuse à le voir ramasser. Je lui dis un jour que je serais bien flatté si elle avait la bonté de me

faire des bas ; sur quoi elle me demanda combien
j'en voulais. Je lui répliquai que je ne voulais point
être indiscret, et que je me contenterais d'*un*. Grands
éclats de rire, et j'ai sa parole d'honneur qu'elle me
fera *un* bas. Veux-tu que je te l'envoie, ma chère
Constance ? il t'inspirera peut-être l'envie de tricoter, en attendant que ta mère te passe cinquante
mille francs pour ta toilette.

Au reste, j'avoue que si vous êtes destinées l'une
et l'autre à ne pas vous marier, comme il paraît que
la Providence l'a décidé, *l'instruction* (je ne dis pas
la science) peut vous être plus utile qu'à d'autres ;
mais il faut prendre toutes les précautions possibles pour qu'elle ne vous nuise pas. Il faut surtout
vous taire, et ne jamais citer jusqu'à ce que vous
soyez *duègnes*.

XIX

**Franklin à un jeune homme qui a besoin d'argent
pour retourner dans son pays.**

J'ai reçu votre lettre du 15 courant. Le tableau que
vous me faites de votre situation m'afflige. Je vous
envoie ci-inclus un billet de dix louis. Je ne prétends
pas vous donner cette somme. Je ne fais que vous
la prêter. Lorsque vous serez de retour dans votre
patrie, vous ne pourrez manquer de trouver une
occupation qui vous mettra en état de payer vos
dettes ; dans ce cas, si vous rencontrez un honnête
homme qui se trouve dans une détresse semblable à
celle que vous éprouvez en ce moment, vous me

payerez en lui prêtant cette somme, et vous lui en-
joindrez d'acquitter sa dette par une semblable opération, dès qu'il sera en état de le faire et qu'il trou-
vera une occasion du même genre. J'espère que les
dix louis passeront de la sorte dans beaucoup de
mains avant de tomber dans celles d'un malhonnête
homme qui veuille en arrêter la marche. C'est un
artifice que j'emploie pour faire beaucoup de bien
avec peu d'argent. Je ne suis pas assez riche pour
consacrer beaucoup à des bonnes œuvres, et je suis
obligé d'user d'adresse afin de faire le plus possible
avec peu.

C'est en vous offrant tous mes vœux pour le succès de vos affaires présentes et pour votre prospérité future, que j'ai l'honneur...

XX

Ozanam à M. Ernest Falconnet.

Tu me demandes des nouvelles, de nombreuses
nouvelles sur moi, sur la science, sur la politique,
sur la religion.

Moi! puis-je être mieux? Une jolie chambre, une
agréable société, des conversations presque toujours
instructives et souvent amusantes avec mon respectable hôte, une leçon de droit et un ou deux cours
de littérature par jour, enfin la compagnie presque
habituelle d'Henri .. voilà certes plus qu'il n'en
faut pour faire une vie d'étudiant assez douce, assez
heureuse. Eh bien, me crois-tu heureux? Oh! non,
je ne le suis pas, car il s'est fait chez moi un soli-

tude immense, un grand malaise. Séparé de ceux que j'aimais, je ne puis prendre racine dans ce sol étranger ; je sens chez moi je ne sais quoi d'*enfantin* qui a besoin de vivre au foyer domestique, à l'ombre du père et de la mère, quelque chose d'une indicible délicatesse qui se flétrit à l'air de la capitale. Et Paris me déplaît parce qu'il n'y a point de vie, point de foi, point d'amour.

C'est comme un vaste cadavre auquel je me sens attaché tout jeune et tout vivant, et dont la froideur me glace, et dont la corruption me tue. C'est vraiment au milieu de ce désert moral que l'on comprend bien et que l'on répète avec amour ces cris du prophète :

Habitavi cum habitantibus Cedar !

Ces accents de poésie éternelle retentissent souvent dans mon âme ; et pour moi, cette ville sans bornes où je me trouve perdu, c'est Cédar, c'est Babylone, c'est le lieu d'exil et de pélerinage ; et Sion, c'est ma ville natale avec ceux que j'y ai laissés, avec la provinciale bonhomie, avec la charité de ses habitants, avec ses autels debout et ses croyances respectées.

La science et la religion, voilà mes seules consolations, et, certes, cette part est belle. Mais là encore, espérances déçues, obstacles à surmonter, difficultés à vaincre ! Tu n'ignores pas combien je désirais m'entourer de jeunes hommes sentant, pensant comme moi ; or, je sais qu'il y en a, qu'il y en a beaucoup, mais ils sont dispersés comme l'or sur le fumier, et difficile est la tâche de celui qui veut réunir des défenseurs autour d'un drapeau.

XXI

Maurice de Guérin à sa sœur Eugénie.

Paris, 6 janvier 1832.

Pourquoi ce silence, toi qui devais me parler si souvent ? Quelque sinistre nouvelle se cache-t-elle derrière ? Qu'est-ce enfin ? bonheur ou malheur, dis-le moi : le pire est de ne rien savoir. Voilà un bon mois et demi que je suis ici et je n'ai reçu qu'une lettre. Vous n'avez pourtant pas d'émeute là-bas. On ne ferme point les barrières, on laisse passer les courriers : écrivez donc tant et plus, lancez lettre sur lettre. Vous êtes quatre et je suis seul, vous pouvez sans beaucoup d'effort me tenir en haleine.

Je gronde et je ne pense pas que l'année vient de commencer et que je ne dois avoir au bout de la plume que compliments et douces paroles. Ne trouves-tu pas étrange qu'on soit si gai à cette époque qui raccourcit toujours notre courte vie, et qu'on se dise en riant sous la forme d'un souhait : réjouissez-vous, vous avez une année de moins à vivre ? Autant vaudrait le lugubre memento des Frères de la Trappe : « Frère, il faut mourir ! »

Mon invincible attrait pour le sermon me mènerait je ne sais où, si je ne m'arrêtais à temps. Pour ouvrir une autre période moins désespérante, il faut que je te parle de ma vie, que j'étale à tes yeux toute mon existence, que je retrace, trait pour trait, cet étrange et bizarre arrangement de pensées, d'actions, d'événements, qui font une vie d'homme. Oh ! j'ai fait un grand progrès cette année ; je suis parvenu à dompter l'humeur vagabonde de ma pensée, assez pour l'astreindre à un travail à peu près régulier, et resserrer dans un cadre mon existence qui se dissipait dans un champ sans limites. Aussi maintenant j'aborde intrépidement la journée qui autrefois me pesait par son vide. Mon travail est plus sérieux, plus profond, plus suivi ; je vais plus vite, parce que je marche d'un pas réglé. L'histoire, la philosophie religieuse, la Bible, et de la poésie pour résumer l'essence de tout cela, voilà mes études de prédilection. En dehors de cela, je fais de l'anglais, que je commence à lire assez bien, et puis enfin du droit, le dernier et le plus lourd de mes travaux ; j'ai repris le code par pudeur, pour qu'il ne fut pas dit que j'aie reculé devant un livre, et encore je ne sais pas si dans quelque moment de dépit je ne le repousserai pas et pour toujours.

De temps en temps le découragement, le redoutable découragement, retombe sur mon âme comme un poids de glace, et vient paralyser tout mon courage et toute mon ardeur de savoir ; mais je lutte de toutes mes forces, j'appelle à mon secours tout ce que j'ai d'espérance et de chaleur, et le plus souvent je me relève. Ce sont, je t'assure, des combats terribles, des secousses profondes, que ces accès d'abattement, ces revirements de la pensée qui devient froide, terne, positive, désespérante, c'est une véritable maladie de l'âme ; un travail de prédilec tion, un travail soutenu et plein d'onction peut seul la guérir.

Ma vie de ménage favorise merveilleusement ma vie intellectuelle. Tu sais que j'ai une chambre, une fort jolie chambre où j'ai mon lit, mon feu et mes livres ; là je puis travailler à mon aise et longuement et silencieusement. Je m'enferme dans cette enceinte comme dans mon empire, et, en effet, une fois la porte fermée, le monde ne m'est plus rien, je suis tout à moi et à mes pensées, à ma poésie, à mes livres chéris, et nul ne vient troubler le secret de ce sanctuaire. A présent, par exemple, je suis dans un de mes plus doux moments : il est huit heures et demie du soir, il fait froid dehors et un bon feu brûle dans ma cheminée (la pensée des pauvres me gâte souvent ce plaisir), ma petite table est posée à côté, et je m'entretiens délicieusement avec toi.

Quand je ne passe pas la soirée dans ma chambre, je la passe en famille avec Auguste et Félicité, nous causons comme frères et sœurs, ou bien nous faisons quelque lecture en commun. Tu vois que ma vie ressemble assez à celle du Cayla, sauf vous tous de moins, et la campagne, et la physionomie si douce du pays, et l'horizon que j'aimais à contempler le soir sur l'angle occidental de la terrasse. Il me tarde bien que le printemps revienne pour donner la vie à notre petit jardin, la promenade sera moins large que dans nos champs, mais j'aurai toujours la verdure et le petit sentier à travers les fleurs. Il y a au milieu un grand sapin qui se fait magnifique lorsqu'il est revêtu de givre, on dirait, à voir ses branches pendantes et dentelées, de grandes draperies argentées.

Le cercle de mes connaissances s'est un peu élargi, je suis maintenant en rapport avec les rédacteurs de la *Revue Européenne* et particulièrement avec Monsieur de Cazalès. Ce jeune homme est le fils du fameux orateur de la Constituante, et il a hérité du talent de son père. Les autres sont MM. de Joanne, de Champagny, Gouraud, de Carné, Wilson. Nous dinons ensemble tous les quinze jours, et ces réunions sont pleines de charme par la fraternité qui y règne et la tournure de nos conversations.

Et *nostro Mimim*, la Toulousaine, est-elle enfin rentrée dans la solitude, son exil est-il achevé? Au fait, il est dur de briser ses habitudes de famille, de désert, de piété, pour aller vivre d'une vie étrangère, et maintenant que je suis à deux cents lieues du foyer, je rends parfaitement justice à sa longue résistance.

As-tu reçu quelque lettre de Rayssac? Peux-tu me donner les éclaircissements que je t'ai demandés? Y a-t-il quelqu'autre phrase à commenter? Est-ce plus clair? Est-ce plus obscur? Est-ce quelque chose? N'est-ce rien? Réponds à tout cela, je voudrais savoir et j'ignore.

XXII

Eugénie de Guérin à son frère Maurice.

Au Cayla, 22 janvier 1832.

Il est dimanche aujourd'hui, c'est le jour du repos; aussi je n'entends d'autre bruit que celui que fait ma plume sur le papier. Je pense à toi; tu n'es pas aussi tranquille dans ton grand Paris, excepté dans ta petite chambre où tu retrouves le Cayla en beau. Quand j'ai vu hier le grand chêne du *Téoulet* couvert de givre, j'ai pensé au grand sapin de Maurice. Rien n'est plus gentil que ces arbres en toilette d'hiver, mais vive celle d'été! Quand on ne doit voir que des arbres, on les aime mieux verts que blancs. Pour toi qui vois tant de choses, un peu de neige n'est rien, et c'est pour ici un grand événement, surtout quand j'en faisais des boules; mais c'est depuis longtemps un plaisir perdu. L'hiver ne m'en donne d'autre que la douce chaleur du coin de feu : c'est le plaisir des vieux. Quelle distance de la poupée aux tisons! Et m'y voilà. Et puis viendront les lunettes, la canne et la tombée des dents, tristes étrennes du premier de l'an, car enfin les années nous font tous ces cadeaux. Aussi depuis que le temps ne m'apporte rien de doux, je renverrais volontiers ce premier de l'an comme un ennuyeux qui revient trop souvent. Comme tu dis, il est étrange qu'on soit si gai à cette époque. Que les enfants le soient, à la bonne heure, ils attrapent des bonbons, mais nous... Encore si je pouvais étrenner quelquefois à ma fantaisie...

J'ai eu une jolie étrenne pourtant, c'est ta lettre.
Aucune ne m'a fait le plaisir de celle-là. Quand je te
voyais plus que jamais errant et vagabond dans le
pays du *vide*, c'est alors que tu m'apprends qu'enfermé
dans ta chambre tu t'es astreint à un travail régulier :
quel progrès tu as fait-là, mon cher ami ! Franchement je ne m'attendais pas à une conversion aussi
prompte. Que Dieu la maintienne ! Je te disais bien
que vouloir c'est pouvoir. Tu as voulu et tu as pu,
tu as pu même reprendre le code. Je suis bien contente de toi et de ton courage. N'es-tu pas bien payé
de ton premier effort en voyant ce qu'il a produit ?
« J'aborde maintenant intrépidement la journée. »
C'est là le mot que tu m'as fait tant attendre, qui m'a
fait tant prêcher. Rien ne me faisait plus de peine que
de te voir si mal avec la vie. Tu vois comme elle est
plus douce quand on sait la mener. C'est pour toi un
commencement de bonheur que l'ordre dans tes pensées ; peu à peu tout s'arrangera, tout s'encadrera, tout
s'harmonisera dans ton existence, tu feras comme
notre pendule qui sonne très bien quand le temps est
beau. Fais qu'il dure, ce beau temps qui te luit maintenant, et quand le *glacial* découragement viendra
tomber sur toi, retombe sur lui comme tu l'as fait
une fois. Qui donne un coup de pied peut en donner
deux, peut en donner mille. Je crois aisément que
ce sont des combats terribles que ces actes d'abattement qui te prennent parfois. Si je pouvais te guérir ou t'aider... L'*Imitation* dit quelque chose de bien
vrai : *Souvent le feu brûle, mais sa flamme ne s'élève pas
sans fumée.* C'est bien vrai, il ne s'élève pas en nous

une bonne pensée, une bonne intention, qui ne soit bientôt mêlée d'un peu de fumée, d'un peu de faiblesse humaine. Mais le bon Dieu souffle là-dessus, et tout s'en va.

Nous avons eu quelques jours d'un froid qui faisait crier les petits oiseaux. C'est moins triste que d'entendre crier les pauvres; je crois bien qu'ils te gâtent le plaisir du coin du feu, mais j'ai plaisir de voir qu'ils te fassent peine. Si jamais je venais frapper à ta porte, je vois que tu ne me la fermerais pas. Tu entendrais bien souvent *toc toc* à ta porte si elle n'était pas si loin. Par exemple, je serais venue vite t'embrasser quand je t'ai vu si sage, si studieux, si retiré du monde. Tu me fais l'effet d'un Père de l'Église méditant la Bible et la philosophie religieuse dans ta tranquille cellule. Je ne crois pas qu'aucun d'eux pourtant fût aussi bien logé que toi. Mais c'est une demeure charmante ! je comprends bien que tu fasses de jolis vers là-dedans, tout en tisonnant. Je suis sûr qu'il y en a partout dans ta chambre, sur les tables, les chaises, au coin du feu ; et moi je n'ai rien ! Dis-moi au moins ce que tu fais. Où en est ton drame ? J'aimerais beaucoup ce *Pierre l'Ermite*. Tu voulais, ce me semble, présenter quelque chose à Lamartine. Fais-le, si tu m'en crois. Il t'accueillera, j'en suis sûre, comme t'accueillerait un ange à qui tu demanderais encouragement et bienveillance.

XXIII

Maurice de Guérin à M. de Bayne.

La Chênaie, 16 Mai 1833.

. . . , ...

Il y a trois semaines, nous avons eu Cazalès, et sa venue a été pour moi l'occasion d'un petit voyage charmant. Je mourais d'envie de voir la mer dont je n'avais pu approcher jusque-là à cause du mauvais temps et des mauvais chemins. Or, par un beau jour d'avril, nous avons fait tous deux, à pied, ce pèlerinage. Cazalès, qui au premier abord paraît froid et renfermé, se laisse aller à la causerie la plus intime, la plus confiante, pour peu qu'on pousse son âme vers cette pente. Son esprit très étendu et très élevé possède une étonnante variété de connaissances, et cela se combine chez lui avec une religion profonde, une grande tendresse d'âme et une merveilleuse intelligence de la vie. C'est une félicité non pareille de faire route, d'aller voir la mer avec un compagnon de voyage ainsi fait. Notre conversation alla, pour ainsi dire, tout d'un trait de la Chênaie à Saint-Malo, et, nos six lieues faites, j'aurais voulu voir encore devant nous un longue ligne de chemin ; car vraiment la causerie est une de ces douces choses que l'on voudrait allonger toujours ; l'impression que cet entretien m'a laissée, mêlée à celle de l'Océan, qui parle aussi prodigieusement à l'âme, pour peu qu'on soit impressionnable, a placé ce voyage à côté de mes plus doux souvenirs.

Pardonnez-moi, Monsieur, de vous entretenir ainsi
de mes petites aventures et de ces menus détails
de vie, lorsque j'ai tout près de moi un sujet de discours tout autrement intéressant : notre grand et
saint homme. Mais le *moi*, l'invincible *moi*, prend la
première place partout. C'est une infirmité à peu près
incurable. On a beau enfouir son *moi* au fond de
l'âme, il reparaît malgré qu'on en ait, comme un bâton plongé dans l'eau remonte toujours à la surface.

M. Féli est un homme admirable à étudier dans
l'intimité de son caractère : bien différent de tant
d'hommes à grand renom, qui ne sont beaux à voir
que dans leurs livres, tout comme les araignées et les
vers à soie, qui filent des toiles merveilleuses, et sont
de vilains petits animaux. Plus on pratique M. Féli,
plus on avance dans son intimité, plus on rencontre de
ces beautés intérieures, de ces perfections de l'âme
insaisissables de loin et qui ne se révèlent qu'à l'observation de la vie familière. On croit assez généralement que M. Féli est un homme d'orgueil et d'un
orgueil fougueux. Cette opinion, qui a détourné de
lui bien des catholiques, est incroyablement fausse.
Pas d'homme au monde plus enfoncé dans l'humilité
et le renoncement à soi-même. S'il en était autrement, il ne comprendrait pas le christianisme qui se
résume tout entier dans l'humilité ; et certes, il le
comprend au-delà de toute expression. Sa vie est
une vie de dévouement et de sacrifice à la mission
qu'il a reçu de préparer l'avenir. C'est là le mot de
tout ce qu'il a fait; il ne faut pas y chercher autre
chose. Ce que l'on a pris pour de l'orgueil de l'homme

n'est que de l'intrépidité de l'apôtre : certes les mar-
tyrs et les Pères de l'Eglise étaient des gens bien
orgueilleux. Tout ceci est d'autant plus vrai, que je
suis arrivé ici avec un peu de ce préjugé sur son caractère, qui court le monde, et que je n'ai été dé-
trompé que par la claire vue du fond de son âme et
de toute sa vie. Sa mission est si rude et lui coûte
tant, qu'il serait bien fou de l'embrasser aussi fortement, si ce n'était que de la gloire; car c'est vraiment
un fagot d'épines qu'il presse contre son sein.

Ses conversations valent des livres, mieux que des
livres. Impossible d'imaginer, à moins de l'avoir entendu, le charme de ces causeries où il se laisse aller
à tout l'entraînement de son imagination : philosophie,
politique, voyages, anecdotes, historiettes, plaisanteries, malices, tout cela sort de sa bouche sous les formes les plus originales, les plus vives, les plus sail-
lantes, les plus incisives, avec les rapprochements les
plus neufs, les plus profonds ; quelquefois avec des
paraboles admirables de sens et de poésie, car il est
grandement poète. Dès l'âge de sept ans, il a commencé à observer la nature dans ses moindres détails, et il s'est fait ainsi un prodigieux trésor d'ob-
servations, d'où il tire des comparaisons qui donnent
à ses pensées une grande lumière et une grâce infi-
nie. Le soir, après souper, nous passons au salon. Il
se jette dans un immense sopha, vieux meuble en
velours cramoisi râpé, qui se trouve précisément
placé sous le portrait de sa grand'mère où l'on remarque quelques traits du petit-fils, et qui semble le
regarder avec complaisance. C'est l'heure de la cau-

serie. Alors si vous entriez dans le salon, vous ver-
riez là-bas, dans un coin, une petite tête, rien que la
tête, le reste du corps étant absorbé par le sopha,
avec des yeux luisants comme des escarboucles, et
pivotant sans cesse sur son cou; vous entendriez une
voix tantôt grave, tantôt moqueuse, et parfois de
longs éclats de rire aigus : c'est *notre* homme. Un
peu plus loin, c'est une figure pâle, à large front,
cheveux noirs, beaux yeux, portant une expression
de tristesse et de souffrance habituelle, et parlant
peu: c'est M. Gerbet, le plus doux et le plus endolori
de tous les hommes.

Veuillez excuser, Monsieur, la longueur de cette
lettre : j'espère que vous pardonnerez à celui qui
parle en faveur de *l'homme* dont il parle, et que votre
indulgence, grâce à *ce considérant*, passera au reclus
de La Chênaie tout ce qu'il dit de trop à Rayssac.
C'est qu'aussi, voyez-vous, Rayssac et La Chênaie
sont étroitement unis dans le cœur.

TABLE

20

DEUXIÈME PARTIE

SAVOIR PARLER

TROISIÈME PARTIE

SAVOIR ÉCRIRE

FIN DE LA TABLE.

Paris. - J. Mersch, imp 22, Pl. Denfert Rochereau.